COLLECTION MICHEL LÉVY

ŒUVRES COMPLÈTES

DE

HENRY MURGER

ŒUVRES

DE

HENRY MURGER

PARUES DANS LA COLLECTION MICHEL LÉVY

SCÈNES DE LA VIE DE BOHÈME............................	1 vol.
LE PAYS LATIN...	1 —
SCÈNES DE CAMPAGNE.......................................	1 —
LES BUVEURS D'EAU...	1 —
PROPOS DE VILLE ET PROPOS DE THÉATRE............	1 —
LE ROMAN DE TOUTES LES FEMMES.....................	1 —
LE DERNIER RENDEZ-VOUS..................................	1 —
LES VACANCES DE CAMILLE................................	1 —
SCÈNES DE LA VIE DE JEUNESSE.........................	1 —
LE SABOT ROUGE...	1 —
MADAME OLYMPE..	1 —

BALLADES ET FANTAISIES, un joli volume in-32

LA VIE DE BOHÈME, comédie en cinq actes.
LE BONHOMME JADIS, comédie en un acte.

PARIS, TYP. PILLET FILS AINÉ, RUE DES GRANDS-AUGUSTINS, 5.

SCÈNES

DE LA

VIE DE JEUNESSE

PAR

HENRY MURGER

NOUVELLE ÉDITION

PARIS
MICHEL LÉVY FRÈRES, LIBRAIRES-ÉDITEURS
RUE VIVIENNE, 2 BIS
—
1859

Reproduction et traduction réservées.

SCÈNES
DE LA
VIE DE JEUNESSE

LE SOUPER DES FUNÉRAILLES

I

C'était sous le dernier règne. Au sortir du bal de l'Opéra, dans un salon du café de Foy, venaient d'entrer quatre jeunes gens accompagnés de quatre femmes vêtues de magnifiques dominos. Les hommes portaient de ces noms qui, prononcés dans un lieu public ou dans un salon du monde, font relever toutes les têtes. Ils s'appelaient le comte de Chabannes-Malaurie, le comte de Puyrassieux, le marquis de Sylvers, — et Tristan-Tristan tout court. Tous quatre étaient jeunes, riches, menant une belle vie semée d'aventures dont le récit défrayait hebdomadairement les *Courriers de Paris*, et n'avaient à peu près d'autre profession que d'être heureux ou de le paraître. Quant aux femmes, qui étaient presque jeunes, elles n'avaient d'autre profession que d'être belles, et elles faisaient laborieusement leur métier.

La carte, commandée d'avance, aurait reçu l'approbation de tous les maîtres de la gourmandise.

En entrant dans le salon, les quatre femmes s'étaient démasquées. C'étaient à vrai dire de magnifiques créatures, formant un quatuor qui semblait chanter la symphonie de la forme et de la grâce.

— Avant de nous mettre à table, messieurs, dit Tristan, permettez-moi de faire dresser un couvert de plus.

— Vous attendez une femme? dirent les jeunes gens.

— Un homme? reprirent les femmes.

— J'attends ici un de mes amis qui fut de son vivant un charmant jeune homme, dit Tristan.

Comment? de son vivant! exclama M. de Puyrassieux.

— Que voulez-vous dire? ajouta M. de Sylvers.

— Je veux dire que mon ami est mort.

— Mort? firent en chœur les trois hommes.

— Mort? reprirent les femmes en dressant la tête.

— Quel conte de fées !

— Mort et enterré, messieurs.

— Comme Marlboroug?

— Absolument.

— Ah çà, mais que signifie cela? vous êtes hiéroglyphique comme une inscription louqsorienne, ce soir, mon cher Tristan, dit le comte de Chabannes.

— Écoutez, messieurs, répliqua Tristan. La personne que j'attends ne viendra pas avant une heure; j'aurai donc le temps de vous conter l'aventure, qui est assez curieuse, et qui vous intéressera d'autant plus que vous allez en voir le héros tout à l'heure.

— Une histoire! c'est charmant. Contez! contez! s'écria-t-on de toutes parts, à l'exception d'une des femmes, qui était restée silencieuse depuis son entrée.

— Avant de commencer, dit Tristan, je crois qu'il serait bon d'absorber le premier service. Je fais cette proposition à cause de mon amour-propre de narrateur. Vous savez le proverbe...

— Non! non! dit Chabannes, l'histoire.

— Si! si! mangeons, cria-t-on d'un autre côté.

— Aux voix! — L'histoire! — Le déjeuner! — L'histoire!

— Il n'y a qu'un moyen de sortir de là, dit Tristan; c'est de voter.

— Eh bien, votons.

— Que ceux qui sont d'avis d'écouter l'histoire veuillent bien se lever, dit Tristan.

Les trois hommes se levèrent.

— Très-bien, fit Tristan; que ceux qui sont d'avis de déjeuner d'abord veuillent bien se lever.

Trois des femmes se levèrent, et parurent fort étonnées de voir leur compagne rester assise.

— Tiens, dit l'une d'elles, Fanny s'abstient.

— Pourquoi donc? dit une autre.

— Je n'ai pas faim, répondit Fanny.

— Eh bien, il fallait voter pour l'histoire, alors.

Je ne suis pas curieuse, murmura Fanny avec indifférence.

— En attendant, reprit Tristan, l'épreuve n'a pas de résultat, et nous voilà aussi embarrassés qu'auparavant. Pour sortir de là et pour contenter tout le monde, je vais vous faire une proposition; c'est de raconter en mangeant.

— Adopté! adopté!

— D'abord, dit le comte de Chabannes, le nom de votre ami?

— Feu mon ami s'appelle Ulric-Stanislas de Rouvres.

— Ulric de Rouvres, dirent les convives, mais il est mort!

— Puisque je vous dis *feu* mon ami, répliqua tranquillement Tristan.

— Ah çà, demanda M. de Sylvers, — ce n'était donc pas une plaisanterie, ce que vous disiez?

— En aucune façon. — Mais laissez-moi raconter maintenant, dit Tristan; et il commença.

— En ce temps là, — il y a environ un an, — Ulric de Rouvres tomba subitement dans une grande tristesse et résolut d'en finir avec la vie.

— Il y a un an, je me rappelle parfaitement, interrompit le comte de Puyrassieux, — il avait déjà l'air d'un fantôme.

— Mais quelle était donc la cause de cette tristesse? demanda M. de Chabannes. Ulric avait dans le monde une position magnifique; il était jeune, bien fait, assez riche pour satisfaire toutes ses fantaisies, quelles qu'elles fussent. Il n'avait aucune raison raisonnable pour se tuer.

— La raison qui vous faire une folie n'est jamais raisonnable, — dit entre ses dents M. de Sylvers.

— Folie ou raison, le motif qui détermina Ulric à mourir est la seule chose que je doive taire, continua Tristan. — Ulric s'était donc décidé à mourir, et passa en Angleterre pour mettre fin à ses jours.

— Pourquoi en Angleterre? demanda un des convives.

— Parce que c'est la patrie du spleen, et que mon ami espérait qu'une fois atteint de cette maladie, il n'oserait plus hésiter au bord de sa résolution. Ulric passa donc la Manche, et, après avoir demeuré à Londres quelques jours, il alla habiter dans un petit village du comté de Sussex. Là, il recueillit tous ses souvenirs ; il passa en revue tous ses jours passés, toutes ses heures de soleil et d'ombre. Il se répéta qu'il n'avait plus rien à faire dans la vie ; et après avoir mis ses affaires en ordre, il prit un pistolet et s'aventura dans la campagne, où il chercha longtemps un endroit convenable pour rendre son âme à Dieu. Au bout d'une heure de marche il trouva un lieu qui réalisait parfaitement la mise en scène exigée pour un suicide. Il tira alors de sa poche son pistolet, qu'il arma résolûment, et dont il posa le canon glacé sur son front brûlant. Il avait déjà le doigt appuyé sur la détente et s'apprêtait à la lâcher, quand il s'aperçut qu'il n'était pas seul, et qu'à dix pas de lui il avait un compagnon s'apprêtant également à passer dans l'autre monde.

Ulric marcha vers ce malheureux, qui avait déjà le cou engagé dans le nœud d'une corde attachée à un arbre.

— Que faites-vous ? lui demanda Ulric.

— Vous le voyez, dit l'autre, je vais me pendre. Seriez-vous assez bon pour m'aider un peu ; je crains de me manquer tout seul, n'ayant pas ici les commodités nécessaires.

— Que désirez-vous de moi, et en quoi puis-je vous être utile, monsieur? demanda Ulric.

— Je vous serais infiniment obligé, répondit l'autre, si vous vouliez me tirer de dessous les pieds ce tronc d'arbre, que je n'aurai peut-être pas la force de rouler loin de moi quand je serai suspendu en l'air. Je vous prierai aussi de vouloir bien ne pas quitter ces lieux avant d'être bien sûr que l'opération a complétement réussi.

Ulric regarda avec étonnement celui qui lui parlait ainsi tranquillement au moment de mourir. C'était un homme de vingt-huit à trente ans, et dant les traits, le costume, le langage attestaient une personne appartenant aux classes distinguées de la société.

— Pardon, lui demanda Ulric, je suis entièrement à vos ordres, prêt à vous rendre les petits services que vous réclamez de moi : il faut bien s'entr'aider dans ce monde; mais pourrais-je savoir le motif qui vous détermine à mourir si jeune ? Vous pouvez me le confier sans craindre d'indiscrétion de ma part, attendu que moi-même je me propose de me tuer sous l'ombrage de ce petit bois. Et Ulric montra son pistolet à l'Anglais.

— Ah! ah! dit celui-ci, — vous voulez vous brûler la cervelle, — c'est un bon moyen. On me l'avait recommandé ; — mais je préfère la corde, — c'est plus national.

— Serait-ce à cause d'un chagrin d'amour? demanda Ulric en revenant à son interrogatoire.

— Oh! non, dit l'Anglais, je ne suis pas amoureux.

— Une perte de fortune?

— Ah! non, je suis millionnaire.

— Peut-être quelques espérances d'ambition détruites?

— Je ne suis pas ambitieux,

— Ah! j'y suis, continua Ulric, — c'est à cause du spleen, l'ennui...

— Ah! non, j'étais très-heureux, très-joyeux de vivre.

— Mais alors...

— Voici, monsieur, puisque cette confidence paraît vous intéresser, le motif de ma mort. — Il y a deux ans, au milieu d'un souper, j'ai parié avec un de mes amis que je mourrais avant lui. La somme engagée est très-considérable, et le pari est connu dans les trois royaumes. Et comme la mort n'a pas voulu venir à moi depuis ce temps, si je ne suis pas allé à elle dans une heure, j'aurai perdu mon pari... Et je veux le gagner...Voilà pourquoi...

Ulric resta stupéfait.

— Maintenant, monsieur, que vous avez reçu ma confidence, je vous rappellerai la promesse que vous m'avez faite, dit l'Anglais, qui, monté sur le tronc d'arbre, venait de se remettre la corde au cou.

— Un instant, monsieur, de grâce, je n'aurai jamais le courage :

— Eh! monsieur, dit l'autre, pourquoi donc m'avoir interrompu alors. Je n'ai pas de temps à perdre si je veux gagner mon pari. Il est minuit moins dix minutes, et à minuit il faut absolument que je sois mort. En disant ces mots, voyant que l'aide d'Ulric allait lui faire défaut, l'Anglais chassa d'un coup de pied le tronc d'arbre qui l'attachait encore à la terre et se trouva suspendu.

L'agonie commenca sur-le-champ. Ulric ne put assister de sang froid à cet horrible spectacle, et se sauva dans un champ voisin.

Au bout d'une demi-heure il revint près de l'arbre changé en gibet, et trouva l'Anglais roide, immobile, parfaitement mort. Cette vue donna à penser à mon jeune ami. Il trouva la mort fort laide, et renonça soudainement à aller lui demander la consolation des maux que lui faisait souffrir la vie. Seulement il se trouvait dans une situation fort embarrassée; car il avait écrit la veille à un de ses amis qu'il avait mis fin à ses jours, et il considérait comme une lâcheté un retour sur cette résolution. Il s'effrayait du ridicule qui allait rejaillir sur lui quand on apprendrait ce suicide avorté, chose aussi pitoyable à ses yeux qu'un duel sans résultat.

Il en était là de ses hésitations quand il aperçut à terre le portefeuille de l'Anglais pendu. Ulric l'ouvrit et y trouva une foule de papiers, et entre autres un passe-port d'une date récente et pris au nom de sir Arthur Sydney. Ces papiers étaient ceux du défunt; et ce nom d'Arthur était également le sien; et voici l'idée qui vint à l'esprit d'Ulric : il prit son portefeuille, qui contenait les papiers attestant son identité à lui, et les glissa dans le portefeuille du mort, après en avoir retiré le passe-port et les autres papiers, qu'il mit dans sa poche,

Grâce à ce stratagème, Ulric passa pour mort. Son suicide, annoncé par les feuilles anglaises, fut répété par les journaux français. Ulric assista à son convoi funèbre; et après s'être rendu lui-même les derniers honneurs, il partit pour le Mexique sous le nom de sir Arthur Sydney. Revenu à Londres il y a environ six semaines, il m'écrivait les détails que je viens de vous raconter.

— Tout cela est, en vérité, très-merveilleux, dit Chabannes; mais si M. Ulric de Rouvres revient à Paris, sa position y sera au moins singulière. Sous quel nom prétend-il exister maintenant? Reprendra-t-il le sien, ou conservera-t-il celui de Sydney?

— Je crois qu'il prendra un autre nom, répondit Tristan.

— Mais, fit observer M. de Chabannes, ce sera inutile. Il ne tardera pas à être reconnu dans le monde.

— Il n'ira pas dans le monde, dit Tristan; je veux dire par là qu'il ne fréquentera pas cette partie de la société parisienne qu'on appelle le monde.

— Il aura tort, fit le comte de Puyrassieux. Dans les premiers jours son aventure pourra lui attirer quelques regards, on chuchotera peut-être sur son passage; mais au bout d'une semaine on n'y pensera pas, et on parlera d'autre chose. Sa position sera au contraire fort avantageuse. Toutes les femmes vont se l'arracher.

— Ulric ne retournera plus dans le monde, messieurs, dit Tristan.

— Mais pourquoi? demandèrent les jeunes gens.

— Pourquoi? dit tout à coup l'indifférente Fanny, en chassant du bout de ses doigts effilés les boucles de cheveux qui semblaient par instant faire à son visage un voile tramé de fils d'or : — pourquoi? c'est bien simple. M. Ulric ne peut plus reparaître dans le monde, parce qu'il est ruiné.

— Ruiné ! dirent les jeunes gens.

— Nécessairement, continua Fanny. Il n'est pas mort, c'est vrai; mais on l'a cru tel pendant six mois.

Il y a eu un acte de décès; et comme M. Ulric de Rouvres n'avait d'autre parent que son oncle, le chevalier de Neuil, toute la fortune de son neveu a dû retourner entre les mains de celui-ci.

— Eh bien, dit M. de Puyrassieux, l'oncle fera une restitution d'héritage.

— Il ne le pourra plus, continua la blonde Fanny avec la même tranquillité. A l'heure où nous sommes, M. le chevalier de Neuil est aussi pauvre que les vieillards qui sont aux Petits-Ménages.

— Ah! la bonne plaisanterie, dit M. de Chabannes; mais songez donc, ma belle enfant, que ce vieillard, qui aurait remontré des ruses à tous les avares de la comédie classique, avait en main propre au moins vingt mille livres de rente; et si, comme on peut le supposer, il a hérité de son neveu, celui-ci ayant cinquante mille livres de rente, M. de Neuil, qui joue la bouillotte à un liard la carre, et qui est plus mal vêtu que son portier, est actuellement plus que millionnaire.

— J'ai dit ce que j'ai dit, répéta Fanny. M. le chevalier de Neuil n'a plus le sou.

— Ah çà! mais il avait donc un vice secret, ce vieillard? demanda Chabannes.

— Il était l'ami de madame de Villerey, répondit Fanny; et, puisque vous paraissez l'ignorer, messieurs, je vous dirai que madame de Villerey avait pour habitude d'imposer à ses favoris l'obligation d'être les clients de son mari.

— Eh bien, la maison de banque de Villerey est une bonne maison, dit M. de Puyrassieux.

— La maison de Villerey a perdu dix-sept millions à la bourse dans la quinzaine dernière, dit Fanny; si l'un de vous a des fonds dans cette maison, je lui conseille de mettre un crêpe à son portefeuille : M. de Villerey est en fuite.

— Il emporte vos regrets, n'est-il pas vrai, ma chère? fit M. de Puyrassieux avec un sourire qui était une allusion.

— Il m'emporte aussi soixante-quinze mille francs, c'est ce qui me rend un peu massade ce soir; mais c'est une leçon, cela m'apprendra à faire des économies, ajouta la jeune femme.

En ce moment un garçon du restaurant vint avertir Tristan qu'un monsieur le faisait demander.

— C'est Ulric sans doute, dit Tristan; et, se retournant vers Fanny, il lui dit tout bas à l'oreille :

— Ma chère enfant, vous vous êtes trompée, mon ami Ulric n'est pas ruiné.

— Eh bien, qu'est-ce que cela me fait, à moi? dit Fanny.

— Remettez votre masque un instant, continua Tristan.

— Mais... pourquoi? demanda la jeune femme, en rattachant néanmoins son loup de velours.

— Qui sait? dit Tristan, peut-être pour regagner les soixante-quinze mille francs que vous avez perdus.

II

Trois jours auparavant Ulric de Rouvres était à Plymouth, et, sous le nom d'Arthur Sydney, s'apprêtait à partir pour l'Inde anglaise, où il voulait aller faire la guerre sous les drapeaux de Sa Majesté Britannique. Au moment de s'embarquer il reçut de France une lettre dont la lecture changea soudainement ses projets; car il alla sur-le-champ faire une visite à l'Amirauté, et il en sortit pour prendre ses passeports pour la France, où il était arrivé aussi promptement que si le paquebot et la chaise de poste qui l'avaient amené eussent eu des ailes.

Voici quel était le contenu de la lettre qui avait motivé cette arrivée si prompte :

« Mon cher Ulric,

« Vous savez si je suis votre ami. Je crois vous en avoir donné des preuves en maintes circonstances. Je vous ai vu, il y a un an, brisé par le coup de tonnerre d'un grand malheur. C'était votre première passion sérieuse. Vous avez faibli sous les coups de ces violents ouragans qui éclatent au début de la jeunesse, et vous avez roulé au fond de cet abîme où le désespoir vertigineux a plongé votre esprit dans de noirs tourbillons. Selon l'usage, vous avez voulu mourir, et pour accomplir ce projet vous êtes allé en Angleterre, la patrie du spleen. Là, vous avez mis fin à vos jours, et vous êtes maintenant convenablement enterré dans un cimetière du comté de Sussex. Selon vos vœux, on a mis sur votre tombe un saule en larmes, et on a planté de ces petites fleurs bleues qui étoilent les rives des fleuves allemands. Vous êtes on ne peut plus mort, et vos amis ne vous attendent plus qu'au jugement dernier. Ayez donc l'obligeance de ne point reparaître avant l'époque où les fanfares de l'Apocalypse convoqueront le monde à une résurrection officielle. Vous pouvez, du reste, dormir en paix. J'ai scrupuleusement accompli les ordres divers que vous avez bien voulu me donner dans votre testament. Je dois, pour votre satisfaction, vous déclarer que vous avez été généralement regretté. Votre décès a fait couler des larmes des plus beaux yeux du monde. Vous étiez certainement le meilleur valseur qui ait jamais glissé sur un parquet ciré, au milieu du tourbillon circulaire que dirige l'archet de Strauss. En apprenant votre décès, ce grand artiste a ressenti un chagrin profond; et au dernier bal qui a eu lieu au Jardin d'hiver, il avait mis, pour témoigner sa douleur, un crêpe a son bâton de chef d'orchestre.

« Ah! mon ami, si vous n'aviez pas eu d'aussi bonnes raisons, combien vous auriez eu tort de mourir! Si vous ne vous étiez pas tant pressé, peut-être seriez-vous resté parmi nous; car je sais plusieurs mains blanches qui se fussent tendues pour vous retenir dans la vie. Enfin, comme on dit, ce qui est fait est fait : vous êtes mort, et vous avez eu l'agrément d'assister à votre convoi, car je présume que vous vous étiez adressé une lettre d'invitation; vous avez répandu des larmes sur votre tombe, et vous vous êtes regretté sincèrement. A ce propos, mon cher ami, puisque vous êtes un citoyen de l'autre monde, ne pourriez-vous pas me donner quelques détails sur la façon dont on s'y comporte? La mort est-elle une personne aimable, et fait-il bon à vivre sous son règne? Dans quelle zone souterraine est situé son royaume? Y a-t-il quatre saisons et diffèrent-elles des nôtres? Quels sont, je vous prie, les agréments dont jouissent les trépassés? Quel est le mode de gouvernement? quel est le code des lois d'outre-vie? Vous qui devez être, à l'heure qu'il est, instruit de toutes ces choses, vous devriez bien me les communiquer. Au cas où je m'ennuierais par trop sous le vieux soleil, j'irais peut-être vous rejoindre là-bas, et je l'aurais déjà fait si je ne craignais de quitter le mal pour le pire.

« Vous avez eu l'obligeance de vous inquiéter de moi et de la façon dont je menais l'existence depuis que vous m'aviez quitté. Je suis resté le même, mon ami; ce qu'on appelle un excentrique, je crois. Mes goûts et mes habitudes n'ont aucunement varié : je dors le jour et je veille la nuit. A force de volonté et de persévérance, je suis parvenu à arrêter complétement le mouvement intellectuel de mon être, et je me trouve on ne peut mieux de cette inertie qui me permet d'entendre un sot parler trois heures, sans avoir comme autrefois le méchant désir de le jeter par la fenêtre. J'assiste avec indifférence au spectacle de la vie, qui a ses quarts d'heure d'agrément. J'ai été, il y a quelques jours, forcé de recourir à ma plume pour conserver mon cheval, attendu qu'une dépêche télégraphique, arrivée je ne sais d'où, avait ruiné mon banquier, qui m'avait fait collaborer à ses spéculations. Mais heureusement, le lendemain de ce désastre, un parent à moi mourut dans un duel sans témoins, avec un pâté de faisan ; et comme, peu soigneux de son caractère, il avait oublié de me déshériter, la loi naturelle m'a forcé à recueillir son bien, qui égalait au moins la perte que m'avait causée la pantomime du télégraphe. Vous avez dû, au reste, rencontrer cet excellent homme, qui avait pour maxime que la vie est un festin.

« Maintenant que je vous ai, trop longuement peut-être, parlé de moi, je vais vous entretenir d'une circonstance très-bizarre qui est, à vrai dire, le motif sérieux de cette lettre.

« Il y a environ huit jours, dans un souper de jeunes gens où j'avais été convié, je suis resté foudroyé par l'étonnement en me trouvant en face d'une jeune femme qui est le fantôme vivant de cette pauvre Rosette, morte il y a un an à l'hôpital, et que vous avez voulu suivre dans la mort. Cette ressemblance était si merveilleusement frappante, si complète en tous points ; cette créature enfin est tellement le sosie de votre pauvre amie, qu'un instant je suis resté tout étourdi, presque effrayé, et point éloigné de croire aux revenants. Mais le doute ne m'était pas permis : j'avais vu, comme vous, la pauvre Rosette étendue sur le lit de marbre de l'amphithéâtre ; avec vous, je l'avais vue clouer dans le cercueil et descendre dans cette fosse que vous avez fait ombrager de rosiers blancs, comme pour faire à l'âme de la morte une oasis parfumée. J'ai alors interrogé cette créature, qu'un caprice de la nature a faite la jumelle de votre bien-aimée défunte ; et supposant un instant qu'elle était peut-être la sœur de Rosette, je lui ai demandé si elle l'avait connue. Avec une voix qui avait les douces notes de la voix de votre amie, Fanny m'a répondu qu'elle ne l'avait point connue, et que d'ailleurs elle n'avait point de sœur. J'ai causé quelque temps avec cette fille, qui est fort recherchée dans le monde de la galanterie officielle, et je me suis convaincu que sa ressemblance avec Rosette s'arrêtait à la forme.

« Fanny est un être de perdition, une créature vierge de toute vertu. Appliquant à faire le mal une intelligence vraiment supérieure, cette fille, rouée comme un congrès de diplomates, grâce à ses relations, qui sont nombreuses, exerce dans la société où elle vit une influence qui la rend presque redoutable, et depuis qu'elle règne avec toute l'omnipotence de ses fatales perfections, elle a déjà causé la ruine de bien des avenirs et le désastre de bien des jeunesses sans qu'une simple fois son cœur, immobilisé dans sa poitrine comme un glaçon dans une mer du pôle, ait fait une infidélité à sa raison. C'est parce que je sais de quel amour profond vous aimiez Rosette ; c'est parce que moi, sceptique et railleur à l'endroit des choses de sentiment, je suis convaincu que le souvenir de cette pauvre fille, qui s'est presque immolée pour vous, comme Marguerite pour Faust, vivra autant que vous vivrez, que je vous ai instruit de ma rencontre avec celle qui est sa copie. J'ai pensé que votre nature de poëte trouverait peut-être un certain charme mystérieux à revoir, ne fût-ce qu'un instant, parée de toutes les grâces de la vie et dans tous les rayonnements de la jeunesse, la douce figure qu'il y a un an nous avons pu voir ensemble disparaître sous le vêtement des trépassés. Au cas où, comme je le présume, les détails que je viens de vous raconter exciteraient votre curiosité et vous amèneraient à

Paris, je vous ai d'avance préparé une entrevue avec Fanny. Vous nous trouverez samedi prochain, c'est-à-dire dans quatre jours, après la sortie du bal de l'Opéra, au café de Foy, où vous rencontrerez d'anciennes connaissances.

« Pour ne pas effrayer l'assemblée, il serait peut-être convenable que vous ne vinssiez pas avec votre linceul. Quitté donc ce négligé mortuaire et mettez-vous à la mode des vivants. Pour des réunions du genre de celle où je vous convie, on s'habille volontiers de noir, avec des gants et un gilet blancs. Je vous rappelle ces détails au cas où vous les auriez oubliés dans l'autre monde, où les usages ne sont peut-être pas les mêmes que dans celui-ci,

« Tout à vous,

« TRISTAN. »

III

Pendant qu'Ulric de Rouvres se rend au rendez-vous que lui avait assigné Tristan, nous donnerons au lecteurs quelques explications sur les événements qui avaient déterminé son suicide, si singulièrement avorté.

Entré de bonne heure dans la vie, car il avait été mis en possession de sa fortune avant d'avoir atteint sa majorité, Ulric, ébloui d'abord par le soleil levant de sa vingtième année, et étourdi par le bruit que faisait ce monde où il était appelé à vivre, hésita un moment; et, comme un voyageur qui, mettant pour la première fois le pied sur un sol inconnu, craint de s'y égarer, il demanda un guide.

Il s'en présenta cinquante pour un; car, ainsi qu'aux barrières des villes qui renferment des curiosités, on trouve aux portes du monde une foule de cicerone qui viennent bruyamment vous offrir leurs services.

Ulric, ivre de liberté, voulut tout voir et tout savoir; nature ardente, curieuse et impatiente, il aurait désiré pouvoir, dans une seule coupe et d'un seul coup, boire toutes les jouissances et tous les plaisirs.

Il vit et il apprit rapidement; et, à vingt-quatre ans l'expérience lui avait signé son diplôme d'homme.

L'esprit plein d'une science amère, le cœur changé

en un cercueil qui renfermait les cendres de sa jeunesse, et l'âme encore tourmentée par d'insatiables désirs, il quitta ce monde où, quatre années auparavant, il était entré l'œil souriant et le front levé, en lui jetant la malédiction désolée des fils d'Obermann et de René ; et sinistre et lamentable, il s'en retourna grossir le nombre de ceux qui épanchent sur toutes choses leurs doutes amers ou leurs audacieuses négations.

La brutale disparition d'Ulric fut accueillie dans la société par une banale accusation de misanthropie ; — et au bout de huit jours, on n'en parlait plus.

De toutes ses anciennes connaissances d'autrefois, Tristan fut le seul avec qui Ulric conserva quelques relations. Un jour il vint le voir, et lui tint des discours qui ne laissèrent point de doute à Tristan sur les idées de suicide qui germaient déjà dans son esprit.

— A vingt-quatre ans, c'est bien tôt, répondit Tristan ; en tout cas vous me permettrez de ne pas vous accompagner. — Ah ! c'est donc vrai ce qu'on m'avait dit sur vous ? Vous êtes atteint du mal du siècle, vous aurez trop lu *Faust* et les esprits chagrins qui sont venus à sa suite. C'est plutôt l'influence de ces gens-là que tout le reste qui vous amène au bord de ce moyen extrême. Vous vous croyez mort, vous n'êtes qu'engourdi, mon cher! Quand on a trop couru on est fatigué, cela est naturel. Vous êtes dans une époque de repos; mais, demain ou après, vous jetterez par la fenêtre votre résolution funeste et vos pistolets anglais, ou vous en ferez cadeau à un pauvre diable de poëte incompris, qui n'aura pour se guérir des misères de ce monde que le moyen extrême de s'en aller dans l'autre.

J'ai été comme vous; — plus d'une fois j'ai mis la clef dans la serrure de cette porte qui donne sur l'inconnu ; mais je suis revenu sur mes pas, et j'espère que vous ferez comme moi. Vous me répondrez que vous n'avez plus ni cœur ni âme, et qu'il vous est impossible de croire à rien. D'abord, on a toujours un cœur; et pourvu qu'il accomplisse sa fonction de balancier, on n'a pas besoin de lui en demander davantage. Quant à ce qui est de l'âme, c'est un mot pour l'explication duquel on a écrit dans toutes les langues un million de volumes, ce qui fait qu'on est moins fixé que jamais sur son existence et sa signification. — L'âme est une rime à *flamme*, voilà ce qu'il y a de plus évident jusqu'ici.

Pour ce qui touche les croyances, il en est de tellement naturelles qu'on ne peut jamais les perdre ; on ne peut nier ce qu'on voit, ce qu'on touche et ce qu'on entend. A défaut de sentiments, on a toujours des sensations ; et c'est n'être point mort que de posséder de bons yeux pour voir le soleil, des oreilles pour entendre la musique, et des mains pour les passer amoureusement dans la chevelure parfumée d'une femme, qui, à défaut de ces vertus idéales que réclament les jeunes gens de l'école romantique allemande, a au moins les qualités positives et plastiques de sa beauté. Vous avez fini votre temps de poésie et perdu les ailes qui vous emportaient dans les olympes de l'imagination ; mais il vous reste des pieds pour marcher encore un bon bout de temps dans une prose substantielle et nourrissante ; et ce qui vous reste à faire est le meilleur du chemin.

Mais en voyant que ces railleries, qui lui étaient

familières, à lui poëte du matérialisme et apôtre du scepticisme, semblaient provoquer Ulric au lieu de le calmer, Tristan quitta subitement le ton qu'il avait pris d'abord, et le sermonna avec une éloquence onctueuse, persuasive et presque paternelle, qui eut, du moins un instant, pour résultat de le faire renoncer à son dessein de suicide.

Cependant, à compter de ce jour, Ulric ne revint plus voir Tristan, qui, malgré tous les soins qu'il prit pour le découvrir, fut longtemps sans savoir ce qu'il était devenu.

Un jour Tristan faisait, en compagnie de quelques amis, une partie de cheval dans une campagne des environs de Paris. Ce fut là que le hasard lui fit rencontrer Ulric, après six mois de disparition. Ulric n'était pas seul ; il donnait le bras à une jeune fille de dix-huit à vingt ans, ayant le costume des ouvrières. Ulric aussi, Ulric, qui jadis avait donné dans le monde l'initiative de l'élégance; Ulric, qui avait été pendant un temps le thermomètre des variations de la mode et dont les innovations, si audacieuses qu'elles fussent, étaient toujours acceptées ; qui, s'il lui avait pris un jour l'idée de mettre des gants rouges, en aurait fait porter à tout le *Jockey Club*, Ulric était vêtu d'habits coupés sur les modèles trouvés sans doute dans les Herculanums de mauvais goût. Il était méconnaissable. Cependant Tristan le reconnut au premier regard et allait s'approcher de lui pour lui parler, quand Ulric lui fit signe de ne pas l'aborder.

— Quel est ce mystère? murmura Tristan en s'éloignant.

En voici l'explication :

Dans les naïfs récits des romanciers et des poëtes du moyen âge, on rencontre beaucoup d'aventures de princes et de chevaliers mélancoliques qui, fuyant les cours et les châteaux, se mettent un jour à courir le pays, cachant leur naissance et leur fortune, et, déguisés en pauvres trouvères, s'en vont, la guitare en main, chanter l'amour, et, parmi toutes les femmes, en cherchent une qui *les aime pour eux-mêmes*. Ils donnent un soupir pour un sourire, et s'arrêtent aussi volontiers sous l'humble fenêtre des vassales que sous le balcon armorié des châtelaines.

Enfant de ce siècle, — Ulric de Rouvres, qui

comptait peut-être des aïeux parmi ces héros, demi-poëtes, demi-paladins, dont sont peuplées les vieilles légendes, semblait vouloir continuer la tradition de ces temps barbares au milieu des mœurs civilisées de notre époque.

Voici ce qu'Ulric avait fait pour rompre complétement avec un monde où pendant quatre années les délicatesses trop exagérées de sa nature avaient été constamment froissées.

Après avoir réalisé toute sa fortune en rentes sur l'État, il en déposa l'inscription entre les mains d'un notaire qui fut chargé d'utiliser les intérêts comme il l'entendrait. Son mobilier, qui était le dernier mot du luxe et de l'élégance modernes, ses équipages et ses chevaux, dont quelques-uns étaient cités dans l'aristocratie hippique, furent vendus aux enchères, et les sommes que produisirent ces ventes diverses déposées chez le notaire qui avait la gestion de sa fortune. Ulric garda deux cents francs seulement.

Huit jours après, les personnes qui vinrent le demander à son logement de la Chaussée d'Antin apprirent qu'il était parti sans laisser d'adresse.

Sous le nom de Marc Gilbert, Ulric avait été se loger dans une des plus sombres rues du quartier Saint-Marceau. La maison où il habitait était une espèce de caserne populaire où du matin au soir retentissait le bruit de trois cents métiers.

Habitué au confortable recherché au milieu duquel il avait toujours vécu, Ulric passa sans transition de l'extrême opulence au dénûment extrême. Sa chambre était un de ces taudis humides et obscurs dans lesquels le soleil n'ose pas aventurer un rayon, comme s'il craignait de rester prisonnier dans ces cachots aériens. Le mobilier qui garnissait cette chambre était celui du plus pauvre artisan.

Ce fut là qu'Ulric vint se réfugier, ce fut là qu'il essaya de se retremper dans une autre existence. En voyant ses voisins, les ouvriers, partir le matin pour l'atelier la chanson aux lèvres, en les voyant rentrer le soir ployés en deux par la fatigue du labeur, mais ayant sur le visage encore trempé de sueur ce reflet de contentement pacifique qu'imprime l'accomplissement d'un devoir, Ulric s'était dit :

— Ceci est le vrai peuple, le peuple honnête, qui

travaille et pétrit de sa main laborieuse le pain qu'il mange le soir. C'est là, ou jamais, que je trouverai l'homme avec ses bons instincts. C'est là, ou jamais, que je pourrai guérir cette invincible tristesse qui m'a suivi dans cette mansarde, où j'ai retrouvé le spectre du dégoût assis au pied de mon lit.

Son plan était tout tracé, et il le mit sur-le-champ à exécution. Huit jours après, Ulric, sous le nom de Marc Gilbert, avait revêtu le sarreau plébéien, et entrait comme apprenti dans un grand atelier du voisinage. Au bout de six mois, il savait assez son métier pour être employé comme ouvrier. A dessein il avait choisi dans l'industrie une des professions les plus fatigantes et exigeant plutôt la force que l'intelligence. Il s'était fait mécanique vivante, outil de chair et d'os. Et, en voyant ses doigts glorieusement mutilés par les saintes cicatrices du travail, c'est à peine s'il se reconnaissait lui-même dans le robuste Marc Gilbert, lui, l'élégant Ulric de Rouvres, dont la main aristocratique aurait jadis pu mettre, sans le rompre, le gant de la princesse Borghèse.

Cependant, malgré le rude labeur quotidien auquel

il s'était voué, au milieu même de son atelier, et si bruyantes qu'elles fussent, les clameurs qui l'environnaient ne pouvaient assourdir le chœur de voix désolées qui parlaient incessamment à son esprit.

Lorsqu'il rentrait le soir dans sa chambre, après une laborieuse journée, Ulric ne pouvait même pas trouver ce lourd sommeil qui habite les grabats des prolétaires. L'insomnie s'asseyait à son chevet ; et, quoi qu'il fît pour l'en détourner, son esprit descendait au fond d'une rêverie dont l'abîme se creusait chaque jour plus profondément, et d'où il ressortait toujours avec une amertume de plus et une espérance de moins.

Ulric avait au cœur cette lèpre mortelle qui est l'amour du bien et du bon, la haine du faux et de l'injuste ; mais une étrange fatalité, qui semblait marcher dans ses pas, avait toujours donné un démenti à ses instincts et raillé la poésie de ses aspirations. Tout ce qu'il avait touché lui avait laissé quelque fange aux mains, tout ce qu'il avait connu lui avait gravé un mépris ou un dégoût dans l'esprit, et, comme ces soldats qui comptent chaque combat par une blessure, chacun de ses amours se comptait par une trahison.

Aussi, pendant ses heures de solitude, et quand il déroulait devant sa pensée le panorama de sa vie passée, ne pouvait-il s'empêcher de pousser des plaintes sinistres.

On est majeur à tout âge pour les passions; mais le plus grand malheur qui puisse arriver à un homme est sans contredit une majorité précoce. Celui qui vit trop jeune vit généralement trop vite; et les privilégiés sont ceux-là qui, pareils aux écoliers, peuvent prendre le long chemin et n'arriver que le plus tard possible au but où la raison enseigne la science de la vie. Mais chacun porte en soi son destin. Il est des êtres chez qui les facultés se développent avant l'heure, et qui, se hâtant d'aller demander à la réalité ses logiques démentis, toujours pleins de désenchantements, se déchirent aux épines de la vérité, à l'âge où l'on commence à peine à respirer l'enivrant parfum des mensonges.

Lorsqu'on rencontre quelques-uns de ces malheureux mutilés par l'expérience, il faut les accueilli avec une pitié secourable; on ne peut interdire la plainte aux blessés, et l'ironie et le blasphème d'un sceptique de vingt ans ne sont bien souvent que le râle de sa dernière illusion.

Le motif qui avait amené Ulric à quitter le monde pour venir se réfugier dans la vie des prolétaires était moins une excentricité romanesque qu'une tentative très-sérieusement méditée, et sans doute inspirée par une espèce de philosophie mystique particulière aux esprits tourmentés par les fièvres de l'inconnu.

Spectateur épouvanté et victime souffrante de la corruption et de la fausseté qui règnent dans les relations du monde; trompé à chaque pas qu'il y faisait, comme ce voyageur qui, en traversant une contrée maudite, sentait se transformer sous sa dent, en cendre infecte ou en fiel amer, les fruits magnifiques qui avaient tenté son regard et excité son envie, Ulric voyait, dans cette corruption et cette fausseté même, un fait providentiel.

— Il est juste, pensait-il, que ceux qui, en arrivant dans la vie, y sont accueillis par le sourire doré de la fortune et trouvent dans leurs langes, brodés par la main des fées protectrices, les talismans enchantés qui leur assurent d'avance toutes les jouissances et toutes les félicités qu'on peut échanger contre l'or ; il est peut-être juste que ces privilégiés, fatalement condamnés au plaisir, soient déshérités du bonheur, la seule chose qui ne s'achète pas et ne soit point héréditaire.

« Leur destin leur a dit en naissant : Toi, tu vivras parmi les puissants, dans cette moitié du monde qui fait l'éternelle envie de l'autre moitié. Tu auras la fortune et le rang. Enfant, tous tes caprices seront des lois; jeune homme, tous les plaisirs feront cortége à ta jeunesse, et chacune de tes fantaisies viendra s'épanouir en fleur au premier appel de ton désir; homme, toutes les routes seront ouvertes à ton ambition. Tu seras enfin ce qu'on appelle un heureux du monde. — Mais ton bonheur n'aura que des apparences, et chacune de tes joies sera doublée d'une déception; car tu vas vivre dans une société où la corruption est presque une nécessité d'existence, et la perfidie une arme de défense personnelle qu'on doit toujours avoir à la main comme un soldat son épée. »

C'est ainsi qu'Ulric avait raisonné intérieurement, et cette singulière philosophie l'avait conduit à rêver cette singulière espérance.

« En revanche, ajoutait-il, ceux-là qui naissent abandonnés de la fortune, les malheureux qui n'ont d'autre protection qu'eux-mêmes et traversent la vie attelés à la glèbe du travail, ceux-là du moins, au milieu de la dure existence que leur impose leur destin, doivent conserver les bons instincts dont ils sont doués nativement. La bonne foi, la reconnaissance, toutes les nobles qualités humaines doivent croître dans les sillons qu'arrose la sueur du travail. L'ouvrier doit pratiquer avec la rudesse de ses mœurs la fraternité; ne possédant rien, il ne connaît point les haines que déterminent les rivalités d'intérêt; ses sympathies et ses amitiés sont spontanées et sincères, et comme celles du monde, n'ont pas seulement la durée d'une paire de gants ou d'un bouquet de bal. Ses amours ignorent les honteux alliages dont sont composés les amours du monde, amours faits d'ambition, d'orgueil, de haine même quelquefois, mais jamais d'amour. L'ignorance du peuple est une sauvegarde contre le mal, car le mal est un résultat du savoir. On fait le bien avec le cœur seulement ; le mal exige la collaboration de l'esprit et de la raison. »

Mais cette suprême espérance, à laquelle Ulric s'était obstinément attaché, ne survécut pas à sa tentative. Après avoir pendant six mois vécu au milieu des hommes de labeur, l'étude et le contact des mœurs de ce monde nouveau pour lui laissa Ulric encore plus désolé ; et son expérience l'amena à cette conclusion absolue que le bien et le bon n'existaient pas, ou n'existaient qu'à l'état d'instincts dont l'application et le développement n'étaient pas possibles.

Dans les classes élevées de la société, parmi le monde des cravates blanches et des habits noirs, il avait rencontré toute la hideuse famille des vices humains, mais ils étaient du moins correctement vêtus, parlaient le beau langage promulgué par décrets académiques, et n'agissaient point une seule fois sans consulter le code des convenances. Il avait souvent, dans un salon, serré avec joie la main droite d'un homme qui le trahissait de la main gauche, mais cette main était irréprochablement gantée. Souvent il avait cru au sourire de ces trahisons vivantes qu'on appelle des femmes; il s'était laissé émouvoir par les solo de sensibilité qu'elles exécutent en public après les avoir longuement étudiés, comme on fait d'une sonate de piano ou d'un air d'opéra, et il avait été dupe; mais, du moins, ces femmes qui le trompaient étaient vêtues de soie et de velours; les perles et les diamants, arrachés au mystérieux écrin de la nature, luttaient de feux et d'éclairs avec les flammes de leurs regards et resplendissaient sur leur front comme une constellation d'étoiles terrestres. Ces femmes étaient les reines du monde; elles portaient des noms qui avaient eu déjà l'apothéose de l'histoire, et quand elles traversaient un bal, laissant derrière elles un sillage de parfums et de grâces, tous les hommes faisaient sur leur passage une haie d'admirations génuflexes. — Ulric ne tarda pas à se convaincre que les mœurs de l'atelier ne valaient pas mieux que celles du salon.

En venant pour la première fois à son travail, l'ap-

parence chétive de sa personne, la pâleur distinguée
de son visage, la blancheur de ses mains, jusque-là
restées oisives, lui valurent, de la part de ses nouveaux compagnons, un accueil plein d'ironie et d'insultes. Résigné d'abord aux humbles fonctions d'apprenti, Ulric subit patiemment sans y répondre toutes
les oppressions et toutes les injures dont on l'accablait
à cause de sa faiblesse apparente, à cause de sa façon
de parler, qui n'avait rien de commun avec le voca-
bulaire du cabaret. Plus tard, lorsque la pratique de
son état eut développé sa force, quand la rouille du
travail eut rendu ses mains calleuses et bruni son
visage empreint d'un cachet de mâle virilité, ceux qui,
en d'autres temps, avaient abusé de leur force pour
l'opprimer, changèrent subitement de langage et de
manières avec lui dès qu'ils s'aperçurent que son bras
frêle soulevait les plus lourds fardeaux aussi facilement que le souffle d'orage enlève une plume du sol.

Au bout d'un an de séjour dans l'atelier, Ulric, dont
l'intelligence avait été remarquée par ses chefs, fut
nommé contre-maître. Cette nomination excita parmi
tous ses compagnons un concert de récriminations

honteuses et jalouses, et le jour où Ulric se présenta pour la première fois à l'atelier avec son nouveau titre, la conspiration éclata d'une façon assez menaçante pour nécessiter l'intervention des chefs.

— Qu'y a-t-il? demanda l'un d'eux en s'avançant au milieu des ouvriers en révolte.

— Il y a, dit un des ouvriers, que nous ne voulons pas de monsieur pour contre-maître, et il désignait Ulric.

— Pourquoi n'en voulez-vous pas? dit le patron.

— Parce que c'est humiliant pour nous d'être commandés par quelqu'un qui, il y a un an, était encore notre apprenti.

— Eh bien, répondit le maître, qu'est-ce que cela prouve?

— Ça prouve, continua l'ouvrier, qui commençait à balbutier, ça prouve que nous sommes tous égaux et qu'on ne doit pas faire d'injustice. Il y a des gens qui travaillent depuis dix ans dans la maison, et ça les vexe de voir entrer un étranger comme ça *tout de go* dans la première bonne place qui se trouve vacante.

— Oui, c'est injuste! murmurèrent tous les ouvriers, comme pour encourager l'orateur qui discutait leurs intérêts.

— A bas Marc Gilbert! s'écrièrent quelques voix, à bas le *monsieur!*

— D'ailleurs, continua l'ouvrier qui avait déjà parlé, pourquoi avez-vous renvoyé Pierre? C'était un brave homme... qui faisait vivre sa femme et ses enfants avec sa place.

— Silence! dit le maître d'une voix impérative, et qu'on n'ajoute plus un mot. Je n'ai pas de compte à vous rendre, et je fais ce que je veux. Si Pierre a perdu sa place, il est d'autant plus coupable de s'être exposé à la perdre qu'il a une femme et des enfants. Pierre était un paresseux qui encourageait la paresse; c'était un brave homme pour vous, un bon enfant, et vous le regrettez parce qu'il vous comptait des heures de travail que vous passiez au cabaret. Pour moi, Pierre était un voleur...

Un murmure, aussitôt comprimé par un geste du maître, s'éleva parmi les ouvriers.

— J'ai dit un voleur, et je le répète, et tous ceux

qui reçoivent de l'argent qu'ils n'ont pas gagné sont de malhonnêtes gens. Pierre a abusé de ma confiance; pourtant j'ai été patient, j'ai eu égard à sa position de père de famille. Mais plus j'étais indulgent, et plus il s'est montré incorrigible. A mon tour, j'eusse été coupable envers mes associés en conservant chez moi un homme qui compromettait leurs intérêts. L'honnêteté est dans le devoir; j'ai fait le mien, donc j'ai été juste en renvoyant Pierre, et juste encore en le remplaçant par un homme honnête, laborieux, intelligent. Est-ce ma faute si, parmi tous les ouvriers qui travaillent ici depuis dix ans, je n'en ai pas trouvé un réunissant les qualités et les capacités nécessaires pour remplir l'emploi vacant? Est-ce ma faute si c'est justement l'apprenti à qui tout l'atelier commandait il y a un an qui se trouve être le seul aujourd'hui digne de commander à tout l'atelier? Vous parliez d'égalité tout à l'heure; eh bien, non, vous tous qui parlez, vous n'êtes pas les égaux de Marc Gilbert. Vous n'êtes pas égaux les uns aux autres, puisqu'il y en a parmi vous dont le salaire est différent, et ceux-là qui vous prêchent cette égalité sont des fous; et vous savez bien vous-mêmes, quand vous venez recevoir votre *paye*, que celui qui travaille le plus et le mieux doit être payé davantage que ceux dont le travail et l'habileté sont moindres.

Ainsi donc, à compter d'aujourd'hui, Marc Gilbert est votre contre-maître. C'est un autre moi-même, et j'entends qu'on le respecte et qu'on lui obéisse comme à moi-même. Et maintenant, ceux qui ne sont pas contents peuvent s'en aller.

Pendant ce discours, tous les ouvriers étaient silencieusement retournés à leur travail.

— Cet homme est juste, pensa Ulric en regardant son patron.

— Monsieur Marc Gilbert, lui dit celui-ci, il y a un an vous êtes entré dans la maison en qualité d'apprenti ; aujourd'hui, après moi, vous allez y occuper la première place. Ce n'est pas une faveur que je vous accorde, comme je le disais tout à l'heure, c'est une justice. J'espère que vous êtes content, et qu'en une année vous aurez fait du chemin. Seulement, comme vous êtes un peu jeune, et que vous n'auriez pas peut-être toute l'expérience nécessaire, nous ne vous donnerons d'abord que les deux tiers des appointements que nous donnions à votre prédécesseur. Néanmoins la part est encore belle, avouez-le.

Ulric resta profondément étonné par cette contradiction.

— Singulière justice, murmura-t-il quand il fut seul. On remplace un homme paresseux, sans intelligence et sans probité, par un homme qu'on sait être intelligent, probe et dévoué, et sans tenir compte du bénéfice que sa gestion loyale procurera à la maison, on paye l'honnête homme moins cher qu'on ne payait le voleur !

Au bout de huit jours, les nouvelles fonctions et l'autorité dont elles investissaient Ulric lui avaient attiré déjà une foule de courtisans, et ceux-là qui se montraient les plus humbles et les plus empressés autour de lui étaient les mêmes qui jadis s'étaient montrés les plus durs et les moins indulgents à son égard; les mêmes qui s'étaient le plus ouvertement déclarés hostiles à sa nomination. Il expérimenta alors sur le vif ces *nobles qualités* qui, disait-il autrefois, devaient croître dans les sillons arrosés par les sueurs du travail, et son cœur s'emplit d'un nouveau dégoût en voyant ces hommes qui, devant être pourtant liés par une commune solidarité, essayaient de se nuire les uns aux autres en venant dénoncer les infractions qui se commettaient dans l'atelier, espérant sans doute qu'Ulric leur payerait, en tolérant les leurs, la dénonciation des fautes commises par ceux de leurs compagnons dont ils se faisaient les espions.

— O fraternité ! murmurait Ulric, fantôme chimérique, mot sonore qu'on fait retentir comme un tocsin pour ameuter les révoltes. On peut facilement t'inscrire sur les étendards et sur le fronton des monuments ; mais les siècles futurs ajoutés aux siècles passés auront bien de la peine à te graver dans le cœur de l'homme.

Ainsi donc, dans les classes inférieures de la société, dans le monde des blouses, Ulric avait retrouvé la même corruption, le même esprit de mensonge, la même fureur d'oppression du fort contre le faible. Là, comme ailleurs, tous les vices régnaient sous la présidence de l'égoïsme, maître souverain ; tous les nobles instincts étaient crucifiés sur les croix de l'intérêt; là aussi, toute vertu avait son Judas et son Pilate. Là aussi, comme ailleurs et plus qu'ailleurs, Ulric put se convaincre par sa propre expérience que l'ingratitude, celle qui de toutes les plantes humaines a le moins besoin de culture, croissait en plein cœur.

En haut, il avait trouvé le mal hypocrite, rusé, mais intelligent et presque séducteur.

En bas, il le trouva de même, mais cynique, brutal, et presque repoussant.

Un soir Ulric était seul dans sa chambre; plongé dans une misanthropie qui devenait chaque jour plus aiguë, la tête posée entre ses mains, ses yeux erraient machinalement sur un livre ouvert qui se trouvait sur une table : c'était l'*Émile* de Rousseau, et un signe marginal semblait annoter ce passage :

« Il faut être heureux! c'est la fin de tout être sensible; c'est le premier désir que nous imprima la nature et le seul qui ne nous quitte jamais. Mais où est le bonheur? Chacun le cherche et nul ne le trouve; on use sa vie à le poursuivre et on meurt sans l'avoir atteint. »

Pour la millième fois au moins Ulric faisait en réflexion le tour de cette phrase, dont la conclusion est si désespérée, lorsque des cris perçants qui retentissaient au dehors vinrent brusquement l'arracher à sa rêverie.

Ulric courut à sa fenêtre.

Des cris : Au secours ! au secours ! continuaient plus pressés et plus inquiets. Ils paraissaient sortir d'une croisée faisant face au corps de logis habité par Ulric, qui reconnut la voix d'une femme.

Il descendit en toute hâte l'escalier, et en quelques secondes il était arrivé sur le palier de l'étage supérieur, où les cris avaient atteint le diapason de l'épouvante.

— Qu'y a-t-il donc? demanda Ulric à quelques voisins assemblés sur le carré.

— Ah! dit une commère avec un accent de fausse pitié, c'est la mère Durand qui vient de trépasser, et c'est sa petite qui crie.

Que c'est un enfer dans la maison depuis quinze jours, que la vieille tousse son âme par petits morceaux du matin au soir; qu'on ne peut pas fermer l'œil; que c'est bien malheureux pour de pauvres gens qui ont si besoin de repos; que la vieille n'a pas voulu aller à l'hôpital, qu'elle était trop fière; qu'elle a mieux aimé voir sa pauvre enfant s'abîmer le tempérament à la veiller; qu'elle lui disait encore des sottises par-dessus le marché; qu'enfin nous en voilà débarrassés, et que nous allons pouvoir dormir.

Ce speach avait été prononcé d'un seul trait par une horrible femme, dont la figure ignoble et la voix enrouée étaient ravagées par l'ivrognerie.

Ulric entra dans la chambre, où les sanglots avaient succédé aux cris. C'était un taudis sinistre, désolé, obscur, humide, et dont l'atmosphère étreignait la gorge. Dans un coin, sur un grabat mal caché par de misérables loques servant de rideaux, était étendue la morte, cadavre jaune et long, dont les membres roidis paraissaient encore lutter contre les attaques de l'agonie, et dont la bouche horriblement ouverte semblait vomir des blasphèmes posthumes.

Au pied du lit, tenant dans ses mains une des mains de la trépassée, une jeune fille en désordre était accroupie dans l'abrutissement de la douleur et du désespoir. Une femme du voisinage essayait de lui donner de banales consolations. A l'entrée d'Ulric la jeune fille avait à peine levé la tête, et était aussitôt retombée dans son insensibilité.

— Madame, dit Ulric à la voisine, vous devriez emmener cette jeune fille de cette chambre, ce spectacle la tue.

— C'est ce que je lui disais, mon cher monsieur, mais elle ne m'entend pas.

— Il faudrait pourtant prendre auprès d'elle quelques informations, dit Ulric, pour savoir le nom de ses parents, de ses amis, afin de les avertir.

— Ah! la pauvre fille! je la crois bien abandonnée, répondit la voisine en essayant de faire revenir l'orpheline au sentiment de la réalité. Enfin elle rouvrit les yeux, qu'elle baissa aussitôt en apercevant un étranger, et murmura quelques paroles confuses. Puis les sanglots la reprirent, et elle tomba de nouveau à genoux au pied du lit.

— Allons, ma petite, dit la voisine, ne vous désolez donc pas comme ça! à quoi que ça sert? — Nous sommes tous mortels, d'ailleurs; et puis, après tout, c'est un bien pour un mal. Elle n'était pas bonne, la défunte ; méchante, hargneuse et dépensière ; on ne pouvait pas la souffrir dans la maison, d'abord : demandez un peu aux voisins, vous verrez ce qu'ils vous diront.

— Madame !... dit Ulric en jetant à la voisine un regard sévère.

— Eh ! c'est la vérité du bon Dieu, ce que je dis là, reprit-elle. Vous ne vous figurez pas, mon cher monsieur, quelle méchante créature c'était que la mère Durand, et combien elle a fait souffrir la pauvre Rosette, qui est bien un véritable ange de patience; qu'elle la battait comme plâtre, et lui prenait tout l'argent qu'elle gagnait pour aller boire toute seule des liqueurs qui l'ont conduite insensiblement au tombeau ; que le médecin l'avait bien dit, là ! Aussi, moi je dis que ça ne vaut pas la peine de tant se chagriner, et que c'est un bon débarras, comme dit cet autre...

— Silence ! madame ! s'écria, Ulric indigné de pareils propos. Dans un tel moment, devant ce lit, c'est odieux.

Et comme la voisine continuait, Ulric, ne pouvant davantage contenir sa colère, la prit par le bras et la mit dehors.

LE SOUPER DES FUNÉRAILLES.

Peu à peu Rosette sortit de son abattement, et lorsque, revenue presque entièrement à elle, elle aperçut un jeune homme dans cette chambre où elle se croyait seule, elle ne put retenir un cri d'étonnement.

— Pardonnez-moi, mademoiselle, dit Ulric très-doucement, si j'ai pris la liberté d'entrer chez vous...

— Je... ne... vous connais pas... Je ne sais, monsieur... répondit la jeune fille en balbutiant.

— Tout à l'heure, reprit Ulric, j'ai entendu appeler au secours, et je suis monté; voilà comment vous me trouvez ici. Veuillez m'excuser si j'ai pris la liberté de rester; dans les circonstances douloureuses où vous vous trouvez, et vous voyant seule, j'ai cru devoir rester pour me mettre à votre disposition...

— Merci, monsieur, dit Rosette. Je...

— La mort de votre mère nécessite des démarches à faire; il y a une foule de détails dont vous ne pouvez vous occuper vous-même. Il faut prévenir vos parents, vos amis, pour qu'ils viennent vous assister... Toutes ces courses, je les ferai. Ce sont là de légers services qui se proposent et qui s'acceptent entre voisins, car je suis le vôtre; je m'appelle Marc Gilbert; je suis ouvrier et je travaille dans la fabrique de M. Vincent...

— Je n'ai ni parents ni amis; je n'avais que ma mère. — Ah! mon Dieu! comment faire? qu'est-ce que je vais devenir? s'écria Rosette en pleurant.

Ce cri, qui révélait un abandon et une misère si profonds, émut Ulric.

— S'il en est ainsi, mademoiselle, dit-il à Rosette, par amour même pour votre mère, vous devriez accepter mes propositions, et me laisser le soin de veiller aux tristes devoirs qu'il reste à accomplir.

Après une longue hésitation, Rosette se laissa convaincre et accepta les offres de service que lui faisait Ulric.

Le lendemain un modeste corbillard emmenait à l'église le corps de la mère Durand, et de là au cimetière, où Ulric avait acquis une fosse particulière pour que l'orpheline pût y agenouiller son souvenir filial.

Deux jours après l'enterrement de sa mère, Rosette vint chez Ulric pour le remercier de ce qu'il avait fait pour elle. Elle exprima sa reconnaissance avec une franchise et une sincérité telles qu'Ulric resta encore plus ému après cette seconde entrevue qu'il ne l'avait été lors de sa première rencontre avec la jeune fille.

Quelque temps après, comme il rentrait chez lui le soir, son portier lui remit une lettre. Ulric, inquiet de savoir qui pouvait lui écrire, courut d'abord à la signature : il y trouva celle de Rosette. La lettre contenait ces mots :

« Monsieur Marc,

« Excusez-moi si je prends la liberté de vous écrire; c'est que j'ai de mauvaises nouvelles à vous apprendre, et je ne puis pas aller chez vous pour vous les dire. Il y a des méchantes gens dans la maison, et on dit de vilaines choses sur nous deux à cause du service que vous m'avez rendu. J'ai beaucoup de chagrin, et je voudrais vous voir un moment. Ce soir, en revenant de mon ouvrage, je passerai par la grande allée du jardin des plantes.

« Votre servante bien reconnaissante,

« Rosette Durand. »

Ulric courut au rendez-vous que lui donnait l'orpheline. Elle venait seulement d'arriver. Sans parler, elle prit le bras d'Ulric, et le jeune homme s'aperçut que son cœur battait avec violence. Son visage était pâle, fatigué, et laissait voir des traces d'une rosée de larmes. — Il la conduisit dans une allée peu fréquentée, et la fit asseoir auprès de lui sur un banc désert.

— Qu'est-il arrivé, Rosette? demanda Ulric.

— Ne l'avez-vous pas deviné en lisant ma lettre? répondit la jeune fille en baissant les yeux. Oh! c'est horrible, ce qu'on a dit! ajouta-t-elle précipitamment, et une rougeur d'indignation empourpra son visage.

— Et bien, dit Ulric, — qu'a-t-on pu dire? — que j'étais votre amant, — n'est-ce pas?

— Si on n'avait dit que cela, je ne souffrirais pas tant, continua Rosette, — car ce serait seulement ma vertu qu'on attaquerait; — mais c'est plus horrible. On a dit que nous avions joué tous les deux une comédie, le jour même où ma mère est morte. Ce service que vous m'avez si généreusement rendu sans me connaître, on a dit que c'était une spéculation, un marché... conclu et payé... devant le corps de ma mère...

— C'est odieux! On a dit cela? fit Ulric.

— Et depuis quelques jours tout le monde le répète dans la maison, dit Rosette.

— Eh bien, ma pauvre enfant, que voulez-vous y faire? Ce que vous m'apprenez ne m'étonne pas. Je comprends que vous vous soyez indignée de cette monstrueuse calomnie; mais, à vrai dire, j'eusse été surpris davantage si elle n'avait pas été faite. Il y a des gens qui ne peuvent pas comprendre qu'on fasse le bien seulement pour le bien; nous avons affaire à ces gens-là, et quoi que nous disions, quoi que nous fassions, l'honnêteté de nos relations sera toujours criminelle à leurs yeux.

En ce moment une ombre passa rapidement devant le banc sur lequel ils étaient assis, et une voix leur jeta ces mots en passant : Bonsoir, les amoureux !

Rosette tressaillit et se serra auprès d'Ulric.

Tous deux venaient de reconnaître la voix d'une de leurs voisines.

IV

Peu de jours après leur entrevue au jardin des plantes, Ulric et Rosette quittaient ensemble la maison où ils s'étaient connus, et emménageaient dans un logement commun, situé dans une des rues désertes et tranquilles qui avoisinent le Luxembourg.

Sa liaison avec Rosette n'avait été dans le principe pour Ulric que le résultat d'une affection tranquille et presque protectrice que la jeune orpheline lui avait tout d'abord inspirée. Mais peu à peu, à sa grande surprise et à sa grande joie, comme un homme qui recouvre tout à coup un sens perdu, il comprit qu'il aimait Rosette.

Alors une nouvelle existence commença pour lui. Cette misanthropie amère, ce dégoût obstiné des hommes et des choses qui auparavant se trahissaient dans toutes ses réflexions et dans ses moindres paroles, s'adoucirent graduellement, et son esprit retrouva le chemin qui conduit aux bonnes pensées.

Cependant quelquefois, par une brusque transition, il lui arrivait de retomber dans les ombres de l'incertitude, un souvenir importun des jours passés apparaissait tout à coup devant lui, comme une fatale prophétie de l'avenir. Il voyait alors se dresser devant lui le fantôme jaloux des femmes qu'il avait aimées jadis, et toutes lui criaient : Souviens-toi de nos leçons ! Comme toutes celles qui ont tenté de faire battre ton cœur si bien pétrifié, ta nouvelle idole te prépare une déception : fuis-la donc aussi, celle-là qui est notre sœur à nous toutes, qui t'avons trompé. D'ailleurs, tu te trompes toi-même en croyant l'aimer : — les cadavres remuent quelquefois dans leur tombe ; — tu as pris un tressaillement de ton cœur pour une résurrection, ton cœur est bien mort...

Mais, en relevant la tête, Ulric apercevait devant lui Rosette, heureuse et belle, Rosette, dont le cœur, gonflé d'amour et de juvénile gaieté, semblait, comme un vase trop plein, déborder par ses lèvres en flots de sourires. Alors, en regardant ce doux visage, en écoutant cette voix vibrante d'une douceur sonore, Ulric croyait voir dans sa maîtresse la fée souriante de sa vingtième année, et il l'entendait lui dire :

— C'est moi qui suis ta jeunesse, ta jeunesse dont tu t'es si mal servi. Tu m'as renvoyée avant l'heure, et pourtant je reviens vers toi. J'ai de grands trésors à prodiguer, et quand tu les auras dépensés, j'en aurai encore d'autres. Laisse-toi conduire où je veux te mener : c'est à l'amour. Tu t'es trompé, et l'on t'a trompé, toutes les fois que tu as cru aimer ; cette fois ne repousse pas l'amour sincère. Celle qui te l'apporte a les mains pleines de bonheur, et elle veut partager avec toi. Laisse-toi rendre heureux ; il est bien temps.

Alors Ulric, couvrant de baisers insensés le visage et les mains de sa petite Rosette, entrait dans une exaltation dont la jeune fille s'étonnait et s'effrayait presque. Il lui parlait avec un langage dont le lyrisme, souvent incompréhensible pour elle, faisait craindre à Rosette que son amant ne fût devenu fou.

— Merci ! mon Dieu ! s'écriait Ulric, vous êtes bon ! La vie a longtemps été pour moi un lourd fardeau, — vous le savez. Il est arrivé un moment où nulle force humaine n'aurait pu le supporter ; j'ai failli fléchir et m'en débarrasser par un crime. — Vous l'avez vu. J'ai douté un instant de votre justice souveraine ; puis au bord de l'abîme où j'étais penché déjà, j'ai crié vers vous du fond de mon âme : Ayez pitié de moi ! Vous m'avez entendu, vous avez envoyé cette femme à mon côté, et vous m'avez sauvé par elle. — Merci ! mon Dieu ! vous êtes bon !

— Comme tu m'as aimé à temps, ma pauvre Rosette ! et comme tu as bien fait de m'aimer ! si tu savais... Maintenant, je ne suis plus le même qu'autrefois. Le bain de Jouvence de ton amour m'a métamorphosé. Dans moi, hors moi, tout est changé. J'ai laissé au fond de mon passé ténébreux tout ce que j'avais de flétri : passions mauvaises, instincts haineux, mépris des hommes. Je renais à la lumière du jour, pur comme un enfant ; je salue la vie comme une bonne chose que j'ai longtemps maudite, dédaignée ; et cela, je le dis en vérité, parce que je t'aime, et parce que tu m'aimes.

Rosette, dont l'esprit n'avait pas fréquenté le dictionnaire familier aux passions exaltées, comme l'était devenue celle d'Ulric, ne comprenait peut-être pas bien les mots dont il se servait, mais sous l'obscurité du langage elle devinait le sens, et, à défaut de paroles, elle répondait par des caresses.

Pendant près d'un an ce fut une belle vie.

Ulric et Rosette continuaient à travailler chacun de son côté ; et comme ils menaient l'existence régulière et tranquille des ménages d'ouvriers laborieux et honnêtes, on les croyait mariés, et plus d'une fois leurs voisins leur firent des avances pour établir entre eux des relations de voisinage.

Mais l'un et l'autre avaient préféré rester dans la solitude de leur amour, et s'étaient obstinément efforcés à vivre en dehors de toute relation avec les étrangers.

Un jour, pendant l'absence de Rosette, Ulric reçut la visite d'un jeune homme qui lui apportait une lettre.

Cette lettre était adressée à M. le comte Ulric de Rouvres.

En lisant cette suscription, Ulric ne put s'empêcher de pâlir.

— Vous vous trompez, dit-il au jeune homme qui lui avait apporté le billet ; cette lettre n'est pas pour moi... Je m'appelle Marc Gilbert.

— Pardon, monsieur le comte, répondit le jeune homme en souriant. Ne craignez point d'indiscrétion de ma part. Je suis envoyé par M⁰ Morin, votre notaire. Des motifs très-sérieux l'ont mis dans l'obligation de vous rechercher, et ce n'est qu'après bien des peines et des démarches que nous avons pu parvenir à vous découvrir... Cette lettre, qui est bien pour vous, car, ayant eu l'honneur de vous voir dans l'étude de mon patron, je puis vous reconnaître, cette lettre vous apprendra, monsieur le comte, les raisons qui ont forcé M⁰ Morin à troubler votre incognito.

Ulric comprit qu'il était inutile de feindre plus longtemps, et prit lecture du billet que lui adressait son notaire.

Il ne contenait que ces quelques lignes :

« Monsieur le comte,

« Étant sur le point de vendre mon étude, je désirerais vivement avoir avec vous un entretien pour vous rendre compte des fonds dont vous avez bien voulu me confier le dépôt il y a dix-huit mois. Depuis cette époque, les neuf cent mille francs déposés par vous entre mes mains se sont presque augmentés d'un tiers, grâce à des placements avantageux et dont je puis garantir la sûreté pour l'avenir; toute cette comptabilité est parfaitement en ordre, et je voudrais vous la soumettre avant de résigner mes fonctions. C'est pourquoi je vous prie, monsieur le comte, de vouloir bien m'assigner un rendez-vous. Selon qu'il vous plaira le mieux, j'aurai l'honneur de recevoir chez moi M. le comte Ulric de Rouvres, ou je me rendrai chez M. Marc Gilbert.

« Recevez, etc. MORIN. »

— Veuillez répondre à M. Morin que j'irai le voir demain, dit Ulric au clerc de son notaire quand il eut achevé la lettre dont le contenu venait brutalement lui rappeler un passé, une fortune et un nom qu'il avait complétement oubliés. Aussi la lecture de cette lettre le jeta-t-elle dans un courant d'idées qui amenèrent sur son front un nuage de tristesse et d'inquiétude dont Rosette s'aperçut le soir en rentrant.

Aux interrogations de sa maîtresse Ulric répondit par un banal prétexte d'indisposition. Le lendemain il alla voir son notaire; et, après avoir écouté très-indifféremment les explications que M. Morin lui donna sur l'administration de sa fortune, Ulric le pria de transmettre à son successeur tous les pouvoirs qu'il lui avait donnés; il insista surtout pour qu'à l'avenir, et sous aucun prétexte, on ne vînt déranger son incognito, qu'il voulait encore conserver.

— Ne désirez-vous pas que je vous remette quelque argent? demanda M. Morin à son client singulier.

— De l'argent? dit Ulric; non, j'en gagne...

Il rentra chez lui l'esprit plus libre, le front rasséréné, et retrouva auprès de Rosette la tranquille et charmante familiarité que l'incident de la veille avait vaguement refroidie. Mais le malheur avait fait brèche dans le ménage.

Peu de temps après la fabrique dans laquelle Ulric était employé comme contre-maître fut ruinée par un incendie. Ulric chercha de l'occupation dans d'autres établissements; il essaya de se placer seulement en qualité d'ouvrier; mais on était alors au milieu d'une crise commerciale, et un grand relâche s'était opéré dans les travaux de son industrie. Les patrons avaient été dans la nécessité de mettre à pied une partie de leurs ouviers. Ulric se trouva les bras libres, — la sinistre liberté de la misère; et lui, *ultrà*-millionnaire, il comprit l'épouvante du père de famille, pour qui la saison du chômage est aussi l'époque de la famine.

— Pourtant, pensait-il au retour de ses courses infructueuses, je n'aurais qu'un mot à dire...

Quant à Rosette, jamais peut-être elle n'avait été plus gaie, jamais ses dix-huit ans en fleur n'avaient embaumé la maison d'un plus doux parfum de jeunesse et d'amour. Seulement elle travaillait deux heures de plus soir et matin; — et le petit ménage vécut heureux encore un mois, malgré les privations imposées par la nécessité.

A la nécessité succéda la misère. Plusieurs fois, le soir, à la nuit tombante, choisissant les rues désertes, Rosette s'aventura dans ces comptoirs d'usure patentés vers lesquels les premiers vents de l'hiver poussent une foule de misères frissonnantes, qui viennent, timides et honteuses, demander au prêt le maigre repas du soir ou le petit cotret de bois vert qui doit pour une heure enfumer la mansarde humide.

Peu à peu tous les tiroirs se vidèrent dans les magasins du mont-de-piété. Et cependant, durant cette lutte avec la misère, Ulric éprouvait la volupté singulière qui, chez quelques natures, résulte d'un sentiment inconnu, fût-il même douloureux. Son amour souffrait en voyant la pauvre Rosette sortir le matin, par le brouillard et le froid, vêtue d'une pauvre robe bleue à petits pois blancs, reléguée jadis pour cause de vétusté et devenue maintenant son unique vêtement. Mais l'esprit d'analyse l'emportait sur le cœur. La manie de l'expérience étouffait la voix de l'humanité, — et il voulait savoir jusqu'à combien de degrés pourrait atteindre le dévouement de Rosette.

Un soir, comme il rentrait avec Rosette, qu'il allait chercher tous les soirs dans la maison où elle travaillait, Ulric entendit deux femmes marchant derrière lui, mises avec le somptueux mauvais goût des lorettes bourgeoises, railler la toilette de Rosette, qui faisait effectivement une antithèse avec la rigueur de la saison.

— Tiens, vois donc, disait l'une, une robe d'indienne ; c'est original.

— Et un chapeau de paille, ajoutait l'autre, en novembre ; c'est un peu tôt ou un peu tard.

Rosette avait entendu, mais elle ne le fit point paraître. Quant à Ulric, il lança aux deux femmes un coup d'œil chargé de colère et de mépris.

Quand ils furent rentrés chez eux, Ulric fut pris d'une crise violente dont l'exaltation effraya Rosette, pourtant accoutumée à ces explosions d'amour. Il se jeta aux pieds de sa maîtresse, et embrassant à pleines lèvres la petite robe bleue dont elle était vêtue, il s'écria :

— Ma pauvre fille, tu es malheureuse avec moi, tu souffres ; hier et aujourd'hui tu as eu froid, demain tu auras faim peut-être. Si tu voulais, ta jeunesse pourrait s'épanouir au milieu d'une existence de joie et de plaisir, au lieu de rester emprisonnée dans la misère. Mais patience, les bons jours viendront. Toi aussi, tu seras belle, élégante, parée ; tu auras de la soie, du velours, de la dentelle, tout ce que tu voudras, ma chère. — Ah! quels trésors pourraient payer ton sourire? — Tu ne travailleras plus... Tes pauvres mains, mordues tout le jour par l'aiguille, elles ne feront plus rien que se laisser embrasser par mes lèvres. Oh! ma chère Rosette, ma pauvre fille!... patience, tu verras.

En cet instant Ulric était bien décidé à aller le lendemain chercher de l'argent chez son notaire.

Le lendemain, en effet, il se présenta chez le successeur de M. Morin, qui, prévenu d'avance sur les excentricités de son client, ne parut point surpris du costume délabré sous lequel il voyait le comte de Rouvres.

— Monsieur, dit Ulric, je viens vous prier de me remettre quelque argent.

— Je suis à votre disposition : quelle somme désirez-vous, monsieur le comte? demanda le notaire.

— J'ai besoin de cinq cents francs, répondit Ulric.

Le notaire entendit cinq mille francs. — Il ouvrit sa caisse et en tira cinq billets de banque, qu'il posa sur son bureau en face d'Ulric.

— Pardon, monsieur, dit celui-ci, vous me donnez trop ; c'est seulement cinq cents francs que j'ai eu l'honneur de vous demander.

Le notaire resserra les billets, et compta vingt-cinq louis à Ulric, qui les mit dans sa poche après avoir signé la quittance.

Mais en entendant le bruit de cet or, qui sonnait joyeusement, Ulric fut pris de réflexions qui lui firent regretter la démarche qu'il venait de faire. Par quelles raisons pourrait-il expliquer à Rosette la possession de cette somme, qui aurait, pour la pauvre fille, l'apparence d'une fortune? Ulric lui avait trop souvent répété qu'il n'avait aucune connaissance, aucun ami, aucune protection, pour qu'il pût prétexter un emprunt fait à quelque personne. Mais ce n'était pas encore là le vrai motif qui inquiétait Ulric : le motif réel avait sa cause dans l'égoïsme dont était pétri l'amour violent qu'il éprouvait pour Rosette. Ulric se savait, plus que tout autre, habile à se créer des tourments imaginaires. Enclin à faire ce qu'on pourrait appeler de la chimie morale, il ne pouvait s'empêcher de soumettre tous ses sentiments, toutes ses sensations aux expérimentations d'une logique impitoyable. Il avait remarqué que son amour pour Rosette, amour né d'ailleurs dans des conditions particulières, avait acquis une violence nouvelle depuis qu'une misère, chaque jour plus agressive, avait assailli le ménage.

A ce dénûment Rosette avait toujours opposé non une résignation muette, tristement placide et faisant la moue, mais au contraire une indifférence en apparence si vraie, un oubli si complet, un si profond dédain du lendemain, qu'Ulric éprouvait un charme étrange à voir cette créature si insolente avec le malheur.

Quelquefois cependant, ayant remarqué la pâleur maladive qui peu à peu avait envahi le visage amaigri de la jeune fille, en écoutant cette voix dont la fraîche sérénité était souvent altérée par des éclats métalliques, Ulric se demandait avec inquiétude si ces fanfares de gaieté immodérée, ces fusées de rires fous qui s'échappaient sans motifs des lèvres de sa maîtresse, n'était point semblables aux lumières fantastiques des lampes mourantes dont les flammes, qui s'élancent par bonds capricieux et inégaux, ne répandent jamais une clarté plus vive que lorsqu'elles vont s'éteindre.

Alors son cœur se fendait de pitié. Il s'épouvantait lui-même de ce déplorable égoïsme qui s'obstinait à prolonger une situation misérable uniquement à cause d'un sentiment qui caressait son amour-propre plus encore que son amour.

Dans ces instants où il était sous l'impression d'un esprit de justice, il s'emportait contre lui-même en de violentes accusations.

— Ce que je fais est lâche, pensait-il, je joue avec cette malheureuse fille une comédie d'autant plus horrible qu'elle court le danger d'en rester victime. J'en fais froidement un holocauste à ma vanité. Pour moi, sa jeunesse s'épuise, sa santé s'altère. J'assiste tranquillement à ce martyre quotidien, et tandis qu'elle tremble sous les frissons de la fièvre, je me réchauffe à la chaleur de son sourire. — Qu'ai-je besoin d'attendre plus longtemps? ajoutait Ulric; ne suis-je pas sûr qu'elle m'aime comme je voulais être aimé? Cet amour n'a-t-il pas subi le contrôle de toutes les expériences, et de toutes les épreuves n'a-t-il pas traversé sans s'altérer la plus dangereuse, — la misère? Que me faut il de plus? — Et si Marc Gilbert a trouvé sa perle, pourquoi Ulric de Rouvres ne s'en parerait-il pas? — Comme Lindor, errant sous le manteau d'un pauvre bachelier, j'ai rencontré ma Rosine; pourquoi ne ferais-je pas comme lui? Pourquoi, à la fin de la comédie, n'écarterais-je pas le manteau qui cache le comte Almaviva? Rosette n'en sera-t-elle pas moins Rosette? Non, sans doute... Et pourtant j'hésite; pourtant je perpétue volontairement une existence dangereuse et presque mortelle pour cette pauvre fille... Et pour mon châtiment, si Dieu voulait qu'elle mourût, je l'aurais tuée moi-même avec préméditation! Et pourtant j'hésite... — pourquoi?...

Alors une voix qui sortait de lui-même lui répondait :

— Tu hésites, parce que tu sais bien qu'aussitôt après avoir révélé qui tu es réellement à ta maîtresse, ton amour sera empoisonné par les méchantes pensées que te soufflera l'esprit de doute. Ton cœur n'a pas pu se soustraire à la tutelle de ta raison, et ta raison trouvera une éloquence pleine de sophismes cruels pour te prouver que Rosette ne t'aime plus qu'à cause de ton nom, de ta fortune; tu te laisseras persuader qu'elle était lasse de toi, et qu'elle t'aurait quitté si tu ne t'étais pas fait connaître; bien plus, tu arriveras à croire qu'elle ne t'a jamais aimé, qu'elle jouait la comédie de l'amour, comme tu jouais la comédie de la misère, parce qu'elle savait qui tu étais avant même que tu la connusses. Voilà pourquoi tu hésites.

En écoutant cette voix qui l'expliquait si bien lui-même, Ulric ne pouvait s'empêcher de répondre :

— C'est vrai !

Alors il concluait de cette façon laconiquement égoïste :

— L'amour de Rosette est la seule chose qui me rattache à la vie; je l'aime, et je crois à son amour, parce que je ne suis pour elle qu'un ouvrier, — que son dévouement me paraît sincère. — Mais si je lui révèle mon nom, mon amour sera frappé de mort, parce que je ne croirai plus à celui de Rosette. — Et je ne veux pas que mon amour meure; — car c'est o n amour que j'aime.

Telles étaient les réflexions d'Ulric en revenant de chez son notaire.

Comme il passait sur un pont, une neige épaisse commença à tomber, dispersée par un vent glacé.

Une pauvre femme qui mendiait lui tendit la main en disant :

— Mon bon monsieur, la charité ; j'ai ma fille malade, elle a froid, et j'ai faim.

— Pauvre Rosette! murmura Ulric, elle aussi elle a froid...

Et il mit dans la main de la mendiante le rouleau qui contenait les vingt-cinq louis.

Deux jours après les craintes d'Ulric se trouvaient réalisées. Rosette tomba sérieusement malade. Aux premières atteintes du mal, Ulric la fit conduire dans un hôpital.

Quand il revint à la maison et qu'il se trouva seul dans la chambre déserte, Ulric tomba dans une prostration dans laquelle son être tout entier demeura anéanti.

Ce fut son cœur qui sortit le premier de cet anéantissement.

Au milieu de cette chambre qui avait pendant si longtemps été un paradis, il entendit s'éveiller le chœur des souvenirs qui chantaient la joie des jours passés. Comme un tableau fantasmagorique, il vit bientôt se dérouler devant lui tous les épisodes du poëme de son amour. Il vit Rosette, pétulante et gaie, tournant, chantant dans la chambre, donnant ses soins au ménage, ou préparant le repas du soir qu'on prenait en commun, assis au coin du feu, l'un auprès de l'autre, et toujours à portée de lèvres.

Chaque meuble, chaque objet, lui venait rappeler la grande fête domestique dont son acquisition avait été la cause. Toutes ces choses muettes semblaient prendre une voix pour parler et lui dire avec un doux accent de reproche :

— Où donc est-elle — celle-là qui avait un si grand soin de nous? Et qu'as-tu fait de ta jeune amie?

— Ne reviendra-t-elle plus? — disait la petite glace entourée d'un humble cadre de bois de sapin verni, ne reviendra-t-elle plus celle-là qui, coquette pour toi seul, venait me demander des conseils? J'étais l'innocent complice de sa beauté modeste, et quand elle ondulait devant moi ses cheveux blonds, j'aimais à lui dire : — Tu es belle, ma pauvre fille du peuple ; le printemps de la jeunesse sourit dans tes yeux bleus comme le ciel d'une aube de mai, et l'amour qui bat dans ton cœur fait monter à ton front une pourpre charmante. Tu regardes tes mains, et tu fais une petite moue en voyant tes doigts mutilés par l'aiguille et les travaux du ménage. Ah ! ne les cache pas ces marques de ton labeur diligent, sois-en fière et montre-les ; pour celui qui t'aime elles te parent plus que les bijoux les plus chers. — Hélas ! ne reviendra-t-elle pas, et ne réfléchirai-je plus son image ?

— Où donc est-elle, demandait la commode, où donc est-elle l'enfant soigneuse et économe, qui jadis était si heureuse en rangeant les frêles trésors de sa coquetterie ? Il fut un temps où mes tiroirs étaient pleins, et sa joie était grande à cette époque de prospérité et d'abondance où elle avait peine à me faire contenir toutes ces petites choses qui la rendaient si heureuse. Mais tour à tour sont partis et le beau châle d'hiver, et la chaude robe de laine, et l'écharpe aux couleurs vives qui semblait un arc-en-ciel flottant, et les petits peignoirs d'été qu'elle mettait le dimanche pour aller cueillir les roses dans les plaines fleuries de Fontenay. Puis un jour mes tiroirs se sont trouvés vides, et ne contenaient plus que les papiers gris du mont-de-piété, contre lesquels toutes ces pauvres richesses avaient été échangées. Hélas ! où donc est-elle, et ne reviendra-t-elle plus, la fille sage et économe qui avait si soin de nous ?

Et comme Ulric, pour fuir ces voix qui l'emplissaient de tristesse, s'était réfugié sur la terrasse, il aperçut, au milieu du petit jardin planté par son amie, un oranger en caisse dont il lui avait fait cadeau le jour de sa fête, et il entendit le frêle arbuste qui disait : — Où donc est-elle, celle à qui tu m'as donné par un beau jour de fête ? Il faut qu'elle soit malade ou morte, pour m'avoir oublié tout une nuit sur cette terrasse, où la neige glaciale m'a vêtu de blanc comme d'un linceul. Hier au matin je l'ai vue encore ; elle m'avait mis là parce qu'il faisait un peu de soleil, et que j'avais froid dans la chambre où l'on ne faisait plus de feu. Où donc est-elle, pour m'avoir oublié, elle qui m'aimait tant et que j'ai rendue si heureuse à l'époque de ma floraison? Hélas! le froid de la nuit m'a tué et je ne refleurirai plus, et quand reviendra le printemps, ses premières brises trouveront mes rameaux morts et mes feuilles fanées. Hélas! où donc est-elle celle, à qui tu m'as donné par un beau jour de fête?

Sous l'impression des sentiments qu'il éprouvait en ce moment, Ulric s'épouvanta lui-même en voyant, dégagé de tout raisonnement sophistique, le monstrueux égoïsme qui lui servait de mobile.

— Je suis fou, s'écria-t-il; ma conduite avec cette pauvre fille est plus que stupide, elle est odieuse... Je vais la perdre, et avec elle tout le bonheur, toute la jeunesse qu'elle avait su me rendre par cet amour dévoué qui ne s'est pas démenti jusqu'au dernier moment. Oh! non! non! ma pauvre Rosette, tu ne mourras pas!

Ulric courut tout d'une haleine chez son notaire, et le rencontra au moment même où celui-ci se disposait à aller en soirée.

— Monsieur, lui dit Ulric, les raisons pour lesquelles j'avais quitté le monde n'existent plus; je quitte mon incognito et je rentre dans la société; je reprends possession de ma fortune; je vous prie donc, dans le plus court délai qui vous sera possible, de réunir les fonds que j'ai déposés chez vous. En attendant, et pour l'heure présente, de quelle somme pouvez-vous disposer?

— Monsieur le comte, répondit le notaire, je puis sur-le-champ vous remettre vingt-cinq mille francs.

— C'est bien, dit Ulric: je vais vous en signer la quittance. Mais ce n'est pas tout, j'ai un autre service à vous demander.

— Je suis entièrement à vos ordres.

— Il faut, dit Ulric, que d'ici à deux jours vous m'ayez procuré un appartement habitable pour deux personnes. Comme je n'ai pas le temps de m'occuper de tous ces détails, je vous prierai également de me trouver un homme d'affaires intelligent, qui s'occupera de l'ameublement. Je veux que tout y soit sur le pied le plus confortable, qu'on n'épargne rien. Je ne puis pas accorder plus de deux jours.

— Je prends l'engagement de ne point dépasser

ce délai d'une heure, répondit le notaire ; dans deux jours, j'aurai l'honneur de vous faire prévenir.

Le lendemain matin Ulric courut à l'hôpital pour voir sa maîtresse, et lui avouer qui il était. Elle était hors d'état de le comprendre ; la fièvre cérébrale s'était déclarée pendant la nuit, et elle avait le délire.

Ulric voulait l'emmener, mais les médecins s'opposèrent au transport ; néanmoins ils donnèrent quelque espérance.

Au jour fixé, l'appartement du comte Ulric de Rouvres était préparé. Ulric y donna rendez-vous pour le soir même à trois des plus célèbres médecins de Paris. Puis il courut chercher Rosette.

Elle venait de mourir depuis une heure.

Ulric revint à son nouveau logement, où il trouva son ancien ami Tristan, qu'il avait fait appeler, et qui l'attendait avec les trois médecins.

— Vous pouvez vous retirer, messieurs, dit Ulric à ceux-ci. La personne pour laquelle je désirais vous consulter n'existe plus.

Tristan, resté seul avec le comte Ulric, n'essaya

pas de calmer sa douleur, mais il s'y associa fraternellement. Ce fut lui qui dirigea les splendides obsèques qu'on fit à Rosette, au grand étonnement de tout l'hôpital. Il racheta les objets que la jeune fille avait emportés avec elle, et qui, après sa mort, étaient devenus la propriété de l'administration. Parmi ces objets se trouvait la petite robe bleue, la seule qui restât à la pauvre défunte. Par ses soins aussi, l'ancien mobilier d'Ulric, quand il demeurait avec Rosette, fut transporté dans une pièce de son nouvel appartement.

Ce fut peu de jours après qu'Ulric, décidé à mourir, partait pour l'Angleterre.

Tels étaient les antécédents de ce personnage au moment où il entrait dans les salons du café de Foy.

L'arrivée d'Ulric causa un grand mouvement dans l'assemblée. Les hommes se levèrent et lui adressèrent le salut courtois des gens du monde. Quant aux femmes, elles tinrent effrontément pendant cinq minutes le comte de Rouvres presque embarrassé sous la batterie de leurs regards, curieux jusqu'à l'indiscrétion.

— Allons, mon cher trépassé, dit Tristan en faisant asseoir Ulric à la place qui lui avait été réservée auprès de Fanny, signalez par un toast votre rentrée dans le monde des vivants. Madame, ajouta Tristan en désignant Fanny, immobile sous son masque, madame vous fera raison. Et vous, dit-il tout bas à l'oreille de la jeune femme, n'oubliez pas ce que je vous ai recommandé.

Ulric prit un grand verre rempli jusqu'au bord et s'écria :

— Je bois...

— N'oubliez pas que les toasts politiques sont interdits, lui cria Tristan.

— Je bois à la Mort, dit Ulric en portant le verre à ses lèvres, après avoir salué sa voisine masquée.

— Et moi, répondit Fanny en buvant à son tour... je bois à la jeunesse, à l'amour.

Et comme un éclair qui déchire un nuage, un sourire de flamme s'alluma sous son masque de velours.

En entendant cette voix Ulric tressaillit sur sa chaise, et, prenant dans sa main la main que Fanny lui abandonna, il lui dit :

— Répétez, répétez, madame...

Fanny reprit son verre, qu'elle n'avait achevé qu'à demi, et répéta avec un accent d'enthousiasme juvénile :

— Je bois à la jeunesse, je bois à l'amour!

— C'est impossible... Cette voix, d'où vient-elle? Ce n'est pas cette femme qui a parlé. De quelle tombe est sortie cette voix? Quelle est cette femme? murmura Ulric en interrogeant du regard Tristan, qui se borna à lui répondre : — Vous avais-je menti?

Mais tout à coup, sur un geste de Tristan, Fanny laissa tomber le capuchon de son domino en même temps qu'elle détachait son masque, et avec une grâce adorable elle se retourna vers Ulric, et lui dit en lui parlant de si près qu'il sentit la fraîcheur de son aleine :

— Me ferez-vous raison, monsieur le comte?

En voyant le visage de Fanny, Ulric resta muet, foudroyé, presque épouvanté.

Fanny était admirablement belle ce soir-là.

Une couronne de petites roses naturelles était posée sur son front comme une auréole printanière, et les brins de son feuillage faisaient une alliance charmante avec ses beaux cheveux blonds, dont les crépelures avaient l'éclat lumineux de l'or en fusion. C'était, comme idéalisée par un poëte mystique, une de ces adorables figures qui sourient si doucement dans les toiles de Greuze.

— Rosette! ma Rosette!... C'est Rosette!... s'écria Ulric à demi fou.

— Pour tout le monde je m'appelle Fanny, dit la jeune femme en inoculant à Ulric une exaltation qui croissait à chaque coup de son regard bleu, — je m'appelle Fanny ; j'ai dix-huit ans, et je suis une des dix femmes de Paris pour qui les hommes les plus considérables marcheraient à deux pieds sur tous les articles du code pénal. La porte par où l'on sort de mon boudoir ouvre sur le bagne ou sur le cimetière, et pour y pénétrer, il y a des pères qui ont vendu leurs filles, il y a des fils qui ont ruiné leur père. Si je voulais, je pourrais marcher pendant cent pas sur un chemin de cadavres, et pendant une lieue sur un chemin pavé d'or ; pour l'instant où je vous parle, je suis presque ruinée à cause d'un accès de confiance que j'ai eu dans un moment d'ennui. Aussi, pendant un mois, vais-je coûter très-cher. Voilà quelle femme je suis, monsieur le comte, ajouta Fanny en terminant son cynique programme, et, par un dernier coup d'œil provocateur, elle sembla dire à Ulric :

— Maintenant, monsieur, que désirez-vous de moi ?

Mais celui-ci avait à peine écouté ce qu'elle avait dit ; il n'avait entendu que le son de la voix sans prêter d'attention aux paroles ; il regardait fixement Fanny, comme on regarde un phénomène, et n'interrompait sa contemplation que pour murmurer de temps en temps :

— Rosette ! Rosette !

— Eh bien ! vint lui demander tout bas son ami Tristan, — ce que vous avez vu ne vaut-il pas la peine du voyage que je vous ai fait faire ?

— Mais, maintenant que je suis venu, je ne pourrai plus repartir, dit Ulric en montrant Fanny, qui feignait d'être indifférente à la conversation des deux hommes, bien qu'elle n'en perdît pas un mot.

— Enfin, dit Tristan en tirant Ulric à l'écart, que voulez-vous faire ?

Ulric parla longuement, en baissant la voix, à l'oreille de Tristan, et quand il eut achevé, Fanny, qui redoublait d'attention, entendit Tristan qui répondait à son ami :

— Je vous assure qu'elle acceptera.

— Que d'affaires pour une chose si simple! murmura la créature en elle-même; mais elle ne put dissimuler une certaine inquiétude en voyant que le comte de Rouvres se disposait à se retirer. En effet, Ulric ne pouvant pas contenir l'émotion qu'il avait éprouvée en se trouvant en face du fantôme vivant de sa maîtresse morte, avait rapidement salué tous les convives et venait de sortir, reconduit jusqu'au dehors par son ami Tristan.

— Eh bien! ma chère, dirent les autres femmes en voyant la mine dépitée de Fanny, voilà une conquête manquée!

— Je sais bien pourquoi, répondit celle-ci. Je l'ai mis au pied du mur. Il est ruiné.

— Encore une fois, vous êtes dans l'erreur, ma belle, dit Tristan qui venait de rentrer dans le salon.

— Eh bien! alors, je ne vous fait pas compliment,

mon cher, répliqua Fanny. Malgré toute la mise en scène et la bonne volonté que j'y ai mise pour ma part, votre plan me paraît complétement manqué. Votre ami ne m'a pas même fait l'honneur de demander à être reçu chez moi.

— Mon ami est un homme bien élevé et un homme de sens! il ne s'amuse pas à faire des demandes inutiles. Vous n'êtes pour lui qu'une curiosité, un objet d'art, un portrait, et rien de plus, ma chère, répondit insolemment Tristan. Il m'a chargé d'être son homme d'affaires, et voilà ce qu'il vous propose par mon entremise.

— Ah! voyons un peu.

— Je vous préviens d'avance qu'on ne vous a jamais fait de proposition semblable.

— Mais parlez donc, dirent les femmes, nous sommes sur le gril de l'impatience.

— Nous y voici. Écoutez, dit Tristan en s'adressant particulièrement à Fanny. Le comte Ulric de Rouvres renouvelle votre mobilier.

— Le mien a six mois. Soit, dit Fanny.

— C'est presque séculaire, ajouta un des hommes.

— Le comte Ulric vous loue, dans une rue qu'il a choisie lui-même, une chambre de 160 francs. — Ne m'interrompez pas. — Dans cette chambre il fait disposer un charmant ménage d'occasion, qu'il tient caché en quelque endroit. Les meubles seront garnis de tous les objets de toilette qui vous seront nécessaires; mais je vous préviens que toute cette garde-robe est d'occasion comme les meubles, et la robe la plus chère ne vaut pas vingt francs.

— Après? dit Fanny.

— Après, continua Tristan, le comte Ulric vous trouvera, dans une maison à lui connue, une occupation qui vous rapportera quarante sous par jour.

— Quelle occupation? demanda Fanny.

— Je n'en sais rien. Au reste, vous ne travaillerez qu'autant que cela pourra vous amuser; seulement vous aurez soin de vous faire sur le bout des doigts des piqûres d'aiguille. Vous irez dans cette maison depuis le matin jusqu'au soir. Mon ami, M. le comte de Rouvres, ira vous chercher pour vous reconduire au sortir de votre besogne et vous ramènera à votre chambre, où vous passerez la soirée avec lui. A dix heures vous serez libre de votre personne; mais le lendemain, dès sept heures, vous serez à la disposition de M. de Rouvres, qui vous conduira à votre travail. Le dimanche, quand le temps sera beau, vous irez avec lui à la campagne manger du lait et cueillir des fraises. En outre, vous appellerez M. de Rouvres *Marc,* et vous apprendrez, pour les lui chanter, quelques chansons qu'il aime à entendre. Vous lui préparerez aussi vous-même certaine cuisine dont il vous indiquera le menu.

— Est-ce tout? demanda Fanny qui ne savait pas si Tristan se moquait d'elle.

— Ce n'est pas tout, reprit celui-ci. — Pendant deux mois de l'hiver vous irez travailler, — ou du moins dans la maison où vous serez censée travailler, — vêtue seulement d'une vieille petite robe d'indienne bleue semée de pois blancs.

— Mais j'aurai froid.

— Certainement, d'autant plus que pendant ces deux mois d'hiver vous ne ferez pas de feu dans votre chambre.

— Ah! dit Fanny, j'ai connu des gens singuliers,

mais votre ami les surpasse; le comte de Rouvres me paraît un être ridicule. Pourquoi ne me propose-t-il pas tout de suite de me couper la tête pour la faire encadrer comme étant le portrait de sa maîtresse?

— Il y a pensé, dit tranquillement Tristan.

— Et après? reprit Fanny. Est-ce là tout?

— C'est tout; dit Tristan.

— Voilà ce qu'il exige? Et moi, que puis-je exiger en échange de cette comédie, si je consens à la jouer?

— Le comte de Rouvres vous offre le traitement d'un ministre : cent mille francs par an!

— C'est sérieux? s'écria Fanny.

— Très-sérieux. — On passera, si vous l'exigez, un acte notarié.

— Mais il est donc décidément bien riche?

— Il a plus d'un million de fortune.

— Et combien de temps durera cette fantaisie?

— Tant que vous le voudrez. Ah! j'oubliais de vous dire qu'en acceptant ces conditions, vous changez de nom, comme mon ami. Il s'appellera Marc Gilbert, et vous vous nommerez Rosette.

— Eh bien ! Fanny, demanda à celle-ci une de ses compagnes, qu'en dis-tu?

— Mesdames, répondit Fanny, je ne vous connais plus. Je m'appelle Rosette, et je suis la maîtresse vertueuse de M. Marc Gilbert.

Le lendemain soir, dans l'ancienne chambre de la rue de l'Ouest, où Ulric avait habité pendant un an avec Rosette, Fanny, vêtue de la petite robe bleue à pois blancs, attendait la première visite du comte de Rouvres, qui ne tarda pas à arriver, revêtu de son ancien costume d'ouvrier.

Pendant la première heure, et pour mieux faire comprendre à Fanny l'esprit du personnage dont elle devait jouer le rôle, Ulric raconta à Fanny ses amours avec Rosette.

— Ce que je vous demande avant tout, dit-il, c'est de ne jamais me parler de ma fortune, et, le plus que vous pourrez feindre de l'ignorer vous-même sera le mieux.

— Alors, monsieur, répondit Fanny en tirant de la poche de sa petite robe bleue un papier qu'elle présenta à Ulric, reprenez cette lettre qui vous apparient; car, en la trouvant sous mes yeux, je ne pour rais pas m'empêcher de me rappeler que vous 'êtes pas M. Marc Gilbert, mais bien M. le comte de Rouvres.

Ulric, étonné et ne comprenant pas, prit la lettre et l'ouvrit.

C'était la lettre qu'il avait reçue de son ancien noaire, M. Morin, quand celui-ci, prêt à vendre son étude, lui demandait s'il voulait rentrer dans la possession de sa fortune, dont les chiffres se trouvaient établis dans cette lettre.

— Vous avez trouvé cette lettre dans la poche de cette robe? demanda Ulric en pâlissant.

— Oui, répondit-elle, et voyant qu'elle vous était adressée, j'ai cru devoir vous la remettre.

— Mais, continua Ulric, cette robe appartenait à Rosette, et pour que ma lettre s'y trouvât, il fallait bien qu'elle en eût pris connaissance.

Fanny répondit par un sourire.

— Alors, continua Ulric, Rosette savait qui j'étais, — elle savait que j'étais riche, — et son amour... Ah! malheureux!

Et il tomba anéanti sur le carreau.

. . . .

Environ un mois après, comme Fanny, revenue dans son appartement, s'apprêtait à aller au bal masqué, elle vit entrer chez elle Tristan, qui tenait à la main un petit paquet.

— Que m'apportez-vous là, — un cadeau?

— C'est un legs que vous a fait avant de mourir mon ami le comte de Rouvres.

— Voyons, dit Fanny.

Mais elle devint furieuse en apercevant la petite robe bleue.

— Votre ami est un être ridicule, mort ou vivant; il m'a fait banqueroute de cent mille francs.

— Ne vous pressez pas de le calomnier, dit Tristan; et il tira de la poche de la robe un portefeuille qui contenait cent billets de banque.

LA MAITRESSE AUX MAINS ROUGES

Depuis quelque temps Théodore était beaucoup plus assidu chez sa tante la lingère qu'aux cours de l'école de médecine ; on ne le voyait plus au café et il n'allait plus au bal.

Quel était ce mystère?

Théodore était tout simplement amoureux d'une ouvrière entrée depuis peu dans l'atelier de sa tante. Jolie, douce, laborieuse et ne manquant point d'un certain esprit naturel, — telle était Clémence. Elle arrivait de sa province, où elle avait été élevée fort rigoureusement par une parente vieille et dévote. — Et la première fois qu'il vit cette jeune fille, Théodore, qui en amour était un garçon très-improvisateur, en était tombé subitement épris. Mais Clémence n'était pas une fille à ranger au nombre des conquêtes faciles, comme il s'en fait tant les soirs de bal, à l'aide de deux ou trois lieux communs madrigalisés et d'une bouteille d'Aï frappée. Aussi Théodore comprit qu'il devait cette fois laisser de côté la devise *Veni, vidi, vici,* qu'il avait coutume d'arborer dans ses campagnes galantes.

Voici donc notre amoureux forcé d'étudier la géographie du pays de Tendre, qu'il avait jusque-là fort peu parcouru. Néanmoins Théodore ne se désespéra pas... et tous les jours il venait passer de longues heures chez sa tante, et, de ses yeux chargés d'une mitraille d'amour, il assiégeait le cœur de la petite provinciale... qui tâchait de se défendre de son mieux.

Cependant la situation commençait à devenir critique. Clémence avait dix-huit ans, âge où les rêves des jeunes filles ont ordinairement des moustaches, — brunes ou blondes. Clémence jura de se défendre. Mais d'avance elle sentait qu'elle était vaincue. Elle avait beau baisser les yeux devant Théodore, elle le voyait mieux, et le jeune homme de se dire tout bas :

Voici qui va bien, à bientôt l'assaut définitif! En effet, le moment était venu où il ne pouvait être tenté qu'avec succès.

Malgré toutes les précautions qu'elle prenait pour le fermer, Clémence oublia un jour la clef sur la porte de son cœur, — et l'amour entra.

Quelque temps plus loin, Clémence oubliait une autre clef sur une porte, — celle de sa chambre, et un matin on en vit sortir Théodore.

Théodore fut pendant trois mois très-enthousiasmé de sa maîtresse ; mais au bout de ce temps, son amour tomba à quelques degrés au-dessous de l'estime sincère, — point qui, au thermomètre de la passion, équivaut à l'indifférence.

Pourtant, Clémence était toujours la même, soumise, aimante, fidèle et coquette, juste ce qu'il fallait pour plaire à Théodore, qui, de son côté, devenait de plus en plus insensible à ses coquetteries.

Enfin, résolu d'en finir avec cet amour, Théodore fit un soir à sa maîtresse un de ces outrages que toute autre femme n'eût jamais pardonné. Au milieu d'une conversation paradoxale d'art et d'amour comparés, et devant une nombreuse compagnie, Théodore déclara qu'il lui était impossible d'aimer une femme qui n'aurait pas les mains blanches et les ongles opalisés. Cette brutale épigramme adressée aux mains rouges et meurtries de la pauvre Clémence lui entra plus avant et plus douloureusement dans le cœur que ne l'eût fait un coup de poignard ; car cette méchanceté aiguë atteignait plus encore son amour que son amour-propre.

Cependant, comme elle avait beaucoup d'orgueil, son parti fut pris sur-le-champ. Elle résolut de quitter l'étudiant avant qu'il lui eût fait comprendre d'une manière plus significative que leur liaison devait avoir une fin.

Le lendemain, pendant que Théodore était au cours, Clémence réunit en un paquet tous les objets qui lui appartenaient et les fit transporter dans un hôtel des environs, où elle avait choisi une chambre. Cependant, comme elle ne se sentait pas le courage de quitter Théodore avant de l'avoir revu, la jeune fille attendit son retour. Peut-être espérait-elle qu'il essayerait de lui faire oublier l'offense de la veille ; et, si banale qu'eût été l'excuse, la pauvre enfant était toute prête à l'accueillir par un pardon.

A minuit Théodore fit prévenir qu'il ne rentrerait pas. — Il voulait en effet éviter d'avoir avec sa maîtresse une de ces explications qui, sans qu'on le veuille, vous acheminent si souvent à un raccommodement.

Clémence comprit que tout était fini. Elle écrivit à la hâte un mot d'adieu, et sortit de sa chambre en jetant au portrait de Théodore, qui au moins avait l'air de lui sourire, un long regard humide de larmes.

Le matin, en rentrant, Théodore trouva le billet de sa maîtresse.

— Vive la liberté ! s'écria-t-il quand il l'eut achevé ; et il courut dans un café rejoindre ses amis et leur raconter de quelle façon ferme et brillante il venait de rompre sa chaîne.

Cependant, les premiers jours qui suivirent sa séparation d'avec Clémence Théodore trouva que sa petite chambre était bien grande, et les premières nuits il lui sembla que son lit était bien large. Mais au bout de deux semaines la lacune était comblée.

Cependant Clémence n'avait pas de nouvel amour et se souvenait encore de Théodore. Elle avait du reste conservé l'espérance que son amant reviendrait à elle; et pour un pas qu'il eût fait, elle était toute disposée à en faire dix. Dans cet espoir d'un rapprochement prochain, la pauvre délaissée s'était surtout attachée à corriger, autant qu'il lui serait possible, le défaut physique que Théodore lui avait si brutalement reproché. Elle tenait à montrer à l'ingrat qu'elle pouvait avoir les mains aussi blanches que n'importe quelle lionne de n'importe quelle aristocratie. Elle commença donc à prendre des soins qu'elle avait négligés jusqu'alors. Elle eut des savons, des poudres, des eaux qui lui coûtaient le plus clair de son gain modique. Enfin elle alla même jusqu'à mettre des gants la nuit, elle qui en mettait à peine le jour.

Chaque matin, en se levant, elle regardait avec inquiétude le progrès de ses *remèdes*. Hélas! ils n'opéraient pas vite! Les soins du ménage, qu'elle tenait sur un point de propreté flamande; les travaux de couture surtout, tout cela neutralisait l'action de ses soins coquets; et si ses mains avaient gagné quelque délicatesse comme forme, elles étaient restées, comme devant, — rouges, ainsi que des cerises.

La pauvre Clémence ignorait que la meilleure pâte pour blanchir les mains s'appelle l'oisiveté, et l'eût-elle su d'ailleurs, elle n'eût point pu en faire usage. C'était là un remède qui lui eût coûté trop cher.

Elle resta donc avec ses mains rouges.

Un soir Clémence se rappela que, dans le beau temps de leur amour, elle avait promis à Théodore de lui broder une bourse pour le jour de sa fête, — et ce jour n'était pas éloigné. — Ah! pensa la jeune fille en recueillant avec bonheur ce souvenir, j'aurai encore le temps; en recevant mon cadeau, il verra que je ne l'ai pas oublié, et il reviendra peut-être. Dès le lendemain elle se mit à l'œuvre.

Il lui restait presque toute une semaine devant elle pour ce travail; c'était plus qu'il ne fallait, si elle avait pu disposer de tout son temps. Mais comme ses journées ne lui appartenaient point, huit jours devaient à peine suffire. Clémence travailla la nuit.

On était dans l'hiver, — il faisait grand froid, — et le budget de la jeune ouvrière ne lui permettait pas de faire grand feu ; souvent même n'en faisait-elle point du tout. C'est alors que ses pauvres mains devenaient rouges, grand Dieu! Mais quand au matin elle avait avancé sa bourse de quelques mailles, elle oubliait froid et fatigue, et trouvait dans l'espérance qu'elle avait d'une réconciliation prochaine de nouvelles forces pour aller à son travail du jour. Cependant ses veilles prolongées, dans une chambre humide et mal close, les émotions qui l'avaient agitée depuis quelque temps, altéraient visiblement la santé de la jeune fille, qui n'y apportait aucune attention.

Enfin le petit chef-d'œuvre de patience et de bon goût sortit achevé de ses mains, hélas! toujours aussi rouges que les mains de l'Aurore quand elle ouvre les portes d'un ciel d'hiver. En admirant cette bourse, dans laquelle elle avait mis tant de superstitieuses espérances, Clémence eut un bon moment de joie. Elle jeta un coup d'œil sur les murs tristes de cette chambre où elle vivait dolente et solitaire, et elle ne put s'empêcher de dire :

— Avant peu, je n'y serai plus — ou je n'y serai pas seule !

La veille de la Saint-Théodore, Clémence enveloppa soigneusement sa bourse dans une boîte garnie de coton et alla chez une bouquetière prendre un bouquet où elle fit entrer toutes les fleurs qu'elle savait préférées par Théodore ; elle fit ajouter aussi toutes celles dont le langage emblématique pouvait éveiller le souvenir. — Hélas ! réveille-t-on les morts ?

Au coin d'une rue, Clémence confia son cadeau à un commissionnaire.

— Y a-t-il une réponse ? demanda celui-ci.

— Non, répondit la jeune fille. — Théodore viendra lui-même, pensait-elle.

Comme elle rentrait chez elle, elle rencontra en chemin un jeune homme qu'elle avait vu quelquefois chez son amant.

— Tiens, vous voilà, Clémence, lui dit l'étudiant ; que devenez-vous donc ?

— Vous savez bien ce qui est arrivé, répondit-elle.

— Ah oui, c'est vrai ! vous êtes fâchée avec Théodore.

— Fâchée ! dit Clémence, oh ! fâchée !

— Ah! c'est égal... il vous regrette, allez.

— Il me regrette? fit la jeune fille, en rougissant de plaisir : il vous l'a dit?

— Non, pas précisément, — mais je le devine. — Nous allons ce soir au bal de l'Opéra, ajouta l'étudiant. — Théodore y sera. — Viendrez-vous?

— Oh! dit Clémence. Je ne crois pas... Adieu.

— Adieu, dit l'étudiant, qui continua son chemin en sifflant.

— Il me regrette! murmura Clémence quand elle fut rentrée, j'en étais bien sûre, moi! — Quand il verra que je me souviens encore de lui, il reviendra ; — c'est l'amour-propre qui l'aura empêché de revenir plus tôt... il ne voulait point faire le premier pas... tous les hommes sont orgueilleux... Et Clémence se mit à chanter d'une voix souvent interrompue par une toux douloureuse la jolie chanson :

« Rosine à moi revient fidèle. »

Seulement, sans s'inquiéter de la mutilation qu'elle faisait subir au vers, elle y substitua le nom de Théodore.

— Vers le milieu de la journée, — heure à laquelle elle savait l'étudiant libre, — Clémence fit une jolie toilette. Elle soigna surtout ses mains, qu'elle avait du moins su préserver des engelures.

— Ah! disait-elle en les regardant, — elles ne sont pas trop rouges aujourd'hui.

Et elle attendit.

Or, pendant qu'elle attendait, la nouvelle maîtresse de Théodore, qui en ce moment était seule chez l'étudiant, recevait l'envoi de Clémence. Mademoiselle Coralie, qui était une personne rusée, devina de suite que ces cadeaux venaient d'une femme, et en voyant le C qui était brodé sur la bourse avec un T, elle pensa que cette femme devait être Clémence, — qu'elle avait du reste connue. — Elle veut revenir. C'est bon, dit Coralie. Je sais ce que j'ai à faire. — Et elle se mit à machiner tout bas une de ces vengeances doublées de fourberie, — comme savent en trouver les femmes qui ont une rivale en face de leur amour ou de leur vanité.

Une heure après Théodore entra.

En l'entendant monter, Coralie s'était cachée derrière les rideaux de l'alcôve, après avoir eu soin de laisser en évidence le bouquet et la bourse, pour qu'ils tombassent d'abord sous les yeux de Théodore, — ce qui arriva. — Tiens, fit le jeune homme étonné, qu'est-ce que c'est que ça?

— Quoi, tu ne le devines pas? s'écria Coralie en venant lui sauter au cou; — quel jour sommes-nous aujourd'hui?

Théodore songea à sa fête.

— Comment, c'est toi?... tu t'es souvenue, dit-il en regardant sa maîtresse, qui ne baissa pas les yeux.

— Et qui donc veux-tu que ce soit? fit-elle.

— Allons, se dit Théodore en lui-même, je ne pouvais pas manquer d'avoir une bourse, — cette pauvre Clémence m'en avait promis une. Mais, demanda-t-il à Coralie, quand donc as-tu fait cela?

— Eh bien donc, et ma surprise? répondit Coralie. — J'ai fait la bourse pendant la nuit — quand tu dormais. J'ai eu joliment froid va... Regarde donc... il y a un C et un T... nos deux noms...

— Pauvre chérie... dit Théodore... Elle est charmante, ta bourse... Je veux que tu l'étrennes ce soir au bal... Tiens, voilà pour la garnir... Et comme il venait de recevoir sa pension, Théodore donna à Coralie une belle pièce d'or...

— Ah ! pensa celle-ci en prenant les vingt francs, j'ai une fière idée... En effet, le cerveau de cette fille, qui était une fine mécanique à perfidie, venait d'inventer quelque chose de bien noir sans doute, car les yeux de Coralie brillèrent d'un éclat extraordinaire... Oh ! la bonne idée, fit-elle encore tout bas. — La vipère se réjouissait de son abondance de venin.

Cependant Clémence attendait toujours... à minuit elle attendait encore... A une heure du matin, n'y pouvant plus tenir, elle se décida à aller au bal de l'Opéra. — où on lui avait dit qu'elle trouverait Théodore. Elle voulait le voir... il fallait qu'elle le vît...

Elle prit un peu d'argent — le reste de ses économies — et sortit pour aller louer un domino. Comme elle passait devant la loge du portier, celui-ci l'appela.

— Mademoiselle, j'ai quelque chose à vous remettre. — Clémence était déjà dans la rue.

A deux heures elle entrait au bal de l'Opéra, le visage soigneusement caché par un loup de velours. Comme elle traversait la salle, elle aperçut d'abord à quelques pas d'elle deux masques qui s'apprêtaient à se mêler à un quadrille... c'étaient Théodore et Coralie, et Clémence avait reconnu son amant. Elle poussa un cri sourd et s'appuya contre une banquette pour ne point tomber. Mais elle fit tant d'efforts qu'elle parvint à comprimer la souffrance atroce qui venait de se mettre à crier au fond de son cœur, et seule elle en entendit le bruit...

Théodore avait donné la bourse et le bouquet qu'elle lui avait envoyés à sa maîtresse nouvelle... En effet, la bourse pendait à la ceinture de Coralie, et le bouquet fleurissait sa main gantée de blanc.

Clémence resta cinq minutes à regarder Coralie et Théodore danser devant elle. — A chaque figure du quadrille ils s'embrassaient. — Au moment de s'élancer pour le galop, Coralie laissa tomber le bouquet à terre. Elle voulut se baisser pour le ramasser, mais Théodore l'enleva dans ses bras.

— Il était tout fané, lui dit-il, je t'en achèterai

un plus beau... Et ils s'envolèrent dans le tourbillon.

Clémence vit son bouquet foulé sous les mille pieds du gigantesque galop.

Elle sortit du bal avec précipitation — la tête perdue, le cœur brisé, ne sachant pas d'où elle sortait, ignorant où elle allait... Au bout de deux heures de marche par une neige abondante et glacée, le hasard ramena Clémence dans sa rue et devant sa porte.

— Tiens! vous voilà, mademoiselle, lui dit le portier; j'ai quelque chose pour vous depuis hier. Je voulais vous le remettre quand vous êtes partie pour le bal, mais vous ne m'avez pas répondu... C'est un commissionnaire qui m'a apporté cela de la part de M. Théodore.

— Théodore! dit Clémence; donnez vite, et elle arracha une petite boîte des mains du portier.

A peine arrivée dans sa chambre, elle ouvrit la boîte et y trouva un papier dans lequel était enveloppée une pièce d'or toute neuve, qui s'en alla rouler à terre avec un bruit sonore. — Sur le papier ces mo avaient été écrits au crayon : — *J'ai reçu votre bourse,* — *voici pour vos peines.*

C'était la belle idée de mademoiselle Coralie.

Clémence tomba à terre en poussant un gémissement. Une voisine l'entendit et vint lui porter secours. Elle eut toutes les peines du monde à retenir la jeune fille, qui, prise du délire, voulait se jeter par la fenêtre.

Le soir un médecin fut appelé. — En voyant Clémence il secoua la tête : — Ceci est grave, dit-il, mais il est encore temps.

Le lendemain Clémence se réveillait dans un hôpital.

Pendant huit jours, on eut des espérances. Mais le matin du neuvième, en faisant sa visite, le médecin se pencha à l'oreille de la sœur de charité, qui s'approcha tristement du lit de Clémence.

— Je sais ce que vous voulez me dire, ma sœur... murmura la malade. Et elle demanda les sacrements.

Le soir, comme la religieuse s'apprêtait à quitter la salle, Clémence la fit appeler.

— Tenez, ma sœur, lui dit-elle en lui mettant dans la main une pièce d'or qui était cachée sous son oreiller, vous mettrez ceci dans le tronc des pauvres malades. — C'est toute ma fortune. Adieu !

— Couvrez-vous, mon enfant, lui dit la sœur, en voyant qu'elle gardait ses bras hors du lit. Vous allez avoir froid.

— Oh ! qu'est-ce que cela fait maintenant? dit Clémence. Et elle se prit à sourire en regardant ses mains que la maladie avait rendues pâles et transparentes. — Si Théodore me voyait! murmura-t-elle. Puis elle s'endormit et fit son dernier rêve.

Vers le milieu de la nuit elle se réveilla pour mourir. L'agonie fut brève. On avait, comme d'habitude, envoyé chercher l'interne de garde pour y assister. Quand l'infirmier vint le demander, il achevait une partie avec un de ses camarades.

— Qu'est-ce qu'il y a? demanda-t-il.

— C'est la jeune fille du n° 15 qui se meurt.

— C'est bon, j'y vais... Théodore, prends donc ma partie.

Dix minutes après, l'interne remontait.

— Eh bien, lui dit Théodore, qui était venu passer cette nuit avec ses amis les carabins, et le n° 15?

— La petite est morte, dit l'interne en reprenant son jeu : *le roi !...* c'est dommage, elle était bien jolie ; — *valet...* dix-huit ans ; — *passe trèfle...*; des yeux noirs et des mains blanches,.. oh ! mais blanches... Tiens, à propos, elle s'appelait Clémence, comme ton ancienne maîtresse, je crois, Théodore.

— Ah ! reprit celui-ci, Clémence ! celle qui avait les mains rouges. Je ne sais pas ce qu'elle est devenue. — *Atout, atout* et *atout.* Mon petit, ça me fait la *vole* et le point.

LE BONHOMME JADIS

A l'époque du terme d'avril, un jeune homme appelé Octave vint prendre possession d'une chambre qu'il avait quelques jours auparavant arrêtée dans une maison de la rue de la Tour d'Auvergne. Il avait l'air si honnête, que le portier n'avait point voulu se déranger pour aller aux renseignements, comme c'est l'usage, et lui avait loué de confiance.

Le logement d'Octave était situé au quatrième et dernier étage. C'était une petite chambre si basse de plafond, qu'un homme d'une taille un peu élevée n'aurait pas pu y garder son chapeau. Elle était éclairée d'un côté par une petite fenêtre donnant sur la cour, et d'où l'on apercevait les hauteurs de Montmartre. Un autre jour était pratiqué au fond, c'était un châssis mobile ouvrant sur les jardins d'un pensionnat de jeunes demoiselles. De là on apercevait une partie du panorama de Paris.

Octave passa la journée à mettre ses affaires en ordre. Ce n'était pourtant pas une longue besogne, car il n'avait bien juste que le nécessaire, et à la vue de son mobilier de modeste apparence, le portier de la maison avait fait une grimace, et s'était presque repenti de lui avoir loué sans aller aux informations.

Son installation terminée, Octave se mit machinalement à sa fenêtre pour juger ce que serait la vue. En levant les yeux, il aperçut à la croisée qui faisait face à la sienne un petit vieillard, occupé à couper les branches mortes de quelques arbustes plantés dans des caisses et formant un jardin suspendu. Le vieux voisin, qui venait d'apercevoir Octave, s'interrompit dans sa besogne ; puis, après l'avoir examiné quelques instants, il souleva le bonnet de laine qui couvrait ses cheveux déjà blancs, et faisant au jeune homme un geste amical, il lui dit en souriant :

— Monsieur, j'ai l'honneur de vous saluer. Permettez-moi de vous souhaiter la bienvenue dans cette maison.

Octave, un peu étonné, salua le vieillard et répondit à sa politesse. Puis, comme le voisin s'était remis à son jardinage, Octave ferma sa fenêtre et descendit pour aller dîner.

Comme il déposait sa clef chez le portier, celui-ci le prévint qu'il était d'habitude dans la maison de ne point rentrer après minuit, et que, passé cette heure, on payait une amende.

Octave répondit qu'il ne se trouverait jamais dans ce cas-là, et que d'ailleurs il sortait fort rarement le soir.

Avec une foule de précautions oratoires, qui rendirent son avertissement très-difficile à comprendre, le portier informa en outre Gustave qu'il était libre de recevoir des femmes chez lui, à la condition que ce seraient des personnes décentes qui ne troubleraient jamais la tranquilité de la maison, habitée par des petits rentiers et des ouvriers en famille.

Octave répondit qu'il recevrait peu de visites; mais que sûrement il ne recevrait jamais de femmes chez lui.

Le portier conclut en lui demandant s'il désirait que son épouse prît soin de son ménage, comme elle faisait pour quelques célibataires. Mais Octave le remercia en disant que son ménage était trop peu de chose, et qu'il avait l'habitude de le faire lui-même.

Octave rentra de très-bonne-heure. — Il lut toute la soirée et se coucha à minuit. Le lendemain il sortit à dix heures le matin, rentra à quatre, ressortit à six heures et revint à sept. Il lut toute la soirée, comme il avait fait la veille, et se coucha à la même heure.

Tous les jours il faisait ainsi de même, avec la plus parfaite régularité. Chaque matin il apercevait son vieux voisin qui jardinait à la fenêtre; ils se saluaient et échangeaient quelques paroles sur l'état du temps.

Depuis un mois Octave habitait la maison, et on n'avait pu remarquer aucun changement dans son existence. Non-seulement il ne s'était présenté aucune visite pour lui, mais encore il n'avait reçu aucune lettre. On causait de lui quelquefois dans la loge du portier, et on s'étonnait un peu de l'isolement dans lequel il vivait.

Octave avait vingt ans. Son histoire était fort courte. Son père était un petit négociant qu'une mauvaise spéculation avait ruiné. Il était mort foudroyé par ce désastre. La mère d'Octave, ne pouvant plus payer sa pension au collége, l'en retira avant qu'il eût achevé ses études. — Ils vécurent dans un grand dénûment l'un et l'autre pendant une année. Au bout de ce temps la mère, qui traînait en langueur depuis la mort de son mari, tomba malade, et mourut elle-même après quinze jours de maladie. Quand Octave eut fait enterrer sa mère avec le produit de la rente qu'il possédait, à peine lui restait-il assez pour entourer son chapeau d'un crêpe. — Il était orphelin à seize ans, et n'avait au monde aucun parent, aucun ami qui pût le secourir, même d'un conseil. Il alla au hasard chez un notaire qui jadis avait fait les affaires de son père. — C'était un homme honnête et charitable. Il eut compassion d'Octave, lui prêta un peu d'argent et promit de s'intéresser à lui. En effet, il ne tarda pas à le placer en qualité de secrétaire chez un de ses clients. — Depuis quatre ans Octave occupait cette place, qui lui rapportait douze cents francs par an. C'était peu ; mais Octave était sobre, économe, et sut encore mettre de côté quelques centaines de francs, qui devaient lui servir quand il commencerait l'étude du droit, — car il voulait réaliser le désir que son père avait eu de le destiner au barreau. En attendant, il se préparait à passer son examen de bachelier, et travaillait dans ce but avec une grande assiduité. Depuis la mort de sa mère il n'avait fait aucune connaissance. Il n'allait jamais ni au spectacle, ni au bal, ni au café. Ses distractions se bornaient à quelques promenades faites le dimanche dans les environs de Paris.

Un dimanche soir — Octave lisait auprès de sa fenêtre, quand il aperçut son vieux voisin, dont la tête blanche s'encadrait dans un berceau de chèvrefeuille et de plantes grimpantes. — Ils se saluèrent l'un l'autre par une inclination de tête. C'était au commencement de mai. La soirée était magnifique ; l'air doux promenait des odeurs de feuilles vertes et de lilas, et des refrains joyeux que chantaient des ouvriers se rendant par bandes aux barrières. De temps en temps, et suivant les variations du vent, on entendait, tantôt distinctement, et tantôt comme des rumeurs confuses, les orchestres des guinguettes qui peuplent les boulevards extérieurs.

— Eh! jeune homme, — s'écria tout à coup le vieux voisin, dont le visage venait de se fendre par un large sourire, — entendez-vous?

Octave leva les yeux de dessus son livre et regarda le vieillard.

— Entendez-vous, continua celui-ci, entendez-vous les violons? et en avant deux, allez donc! ajouta-t-il en se dandinant.

Et comme une bouffée de musique, apportée par le vent, venait précisément de lui secouer une gamme dans les oreilles, Octave répondit qu'il entendait en effet.

— Eh bien, — continua le voisin, — est-ce que cela ne vous donne pas envie de fermer votre livre?

Octave sourit, et détourna la tête en signe négatif.

A cette réponse, le sourire du vieillard s'éteignit sur sa figure.

— Vraiment, reprit-il, ça ne vous fait rien ?

— Rien ! dit Octave.

— Quel âge avez-vous donc ?

— J'ai vingt ans...

— Vingt ans... et ça ne vous fait rien ? — prodigieux ! — Ah ! jeune homme, si vous pouviez me prêter vos jambes, comme je les prendrais à mon cou pour courir où sont les violons. — Et vous avez vingt ans ? dit le voisin avec un accent étonné.

— Je les ai eus précisément aujourd'hui, répondit Octave, — qui se rappelait que ce jour était son anniversaire de naissance.

— Aujourd'hui ! dit le vieillard en frappant dans ses deux mains. — Aujourd'hui ! — prodigieux ! — étrange en vérité ! — Vingt ans ; eh bien, moi, jeune homme, moi qui vous parle, — aujourd'hui, — ce matin, — j'ai eu soixante-cinq ans.

— On ne vous les donnerait pas, dit Octave, — pour répondre.

— Oui, mais le bon Dieu me les a donnés, lui, — et je ne le tiens pas quitte. — Il voudrait m'en donner encore autant, que ça ne serait pas de refus. —

Au reste, quand il lui plaira d'arrêter les frais, je suis tout prêt; — au moins je n'aurai pas loin à aller. Montmartre est à deux pas, — ce sera commode, — j'entendrai les violons de plus près.

Octave avait fermé son livre et regardait son voisin avec plus de curiosité qu'il ne l'avait fait jusque-là. C'était un petit homme d'une physionomie à la fois douce et fière. Son front, à demi couvert de cheveux parfaitement blancs, n'avait pas une seule ride; sa bouche était spirituelle et fine, et l'éclat de ses yeux vifs jetait sur tout son visage une clarté gaie qui lui enlevait, à première vue, au moins un tiers de son âge.

— Monsieur, dit-il tout à coup pendant qu'Octave l'examinait, — permettez-moi de vous faire une proposition; — vous la trouverez peut-être indiscrète, mais je me risque; — après cela vous êtes libre de ne la point accepter... ce qui me ferait de la peine, je vous l'avoue... Voilà, monsieur, ce que je voulais vous proposer, — fit le vieillard avec un charmant sourire. — Vous m'avez dit tout à l'heure que vous aviez vingt ans aujourd'hui même. — Par un singulier rapport, il se trouve que ce jour est l'anniversaire de ma naissance ; — ordinairement, à cette occasion, j'ai toujours eu un convive ou deux, — des jeunes gens toujours. — Ah! la jeunesse! dit le vieillard en se frappant le front avec un geste et un accent indescriptibles, la jeunesse! — Enfin, monsieur, toutes les autres années, j'ai eu un visage ami à ma table. — On riait, on causait ; — au dessert on chantait des chansons, les nouvelles et celles de jadis, et on arrosait les chansons avec un vieux vin qui est de mon âge et que j'ai goûté, quand il était raisin, dans un petit clos bourguignon. On l'a mis en bouteille le jour où on m'a mis une culotte. J'en ai encore une quarantaine de flacons dans ma cave, et je n'en bois qu'aux jours de fête, comme aujourd'hui par exemple. — Eh bien, dit le bonhomme, je suis sûr que j'userai la provision. Mais je reviens à ma proposition, monsieur, car je vous ennuie en bavardant là : — c'était pour vous dire qu'aujourd'hui je suis tout seul à dîner, tout à fait seul. L'année dernière j'avais un voisin, un jeune homme qui logeait précisément dans la chambre où vous êtes, et sa femme, jolie fille ; quand je dis sa femme, non, ce ne l'était pas, le pauvre garçon, puisqu'il s'est marié avec une autre. La petite était drôle, gaie comme un pinson, et chantait du matin au soir. Je passais ma vie à regarder ce joli ménage. Le jeune homme est parti, comme je vous le disais, et la petite s'est mariée d'un autre côté. — Elle doit être par là-bas à danser, ajouta le vieillard en étendant la main du côté d'où venait la musique du bal. — Enfin, monsieur, j'ai été tout triste quand j'ai vu la chambre vide. — Qu'est-ce qui va venir loger là? me demandais-je tous les jours avec inquiétude. — Une vieille femme peut-être? — Ah, voyez-vous, cette idée-là me faisait trembler. Moi qui suis vieux, je ne peux pas regarder ce qui me ressemble. C'est prodigieux, monsieur; mais les vieilles femmes et les enterrements, je ne peux pas voir ça. — Ça m'empêche de boire pendant huit jours. C'est pourquoi je me suis logé sur le derrière. Sur le devant, j'aurais trop été exposé à voir les corbillards qui passent dans cette rue du matin au soir, parce que c'est le chemin pour aller au cimetière. — Je n'aurais pu me mettre à la fenêtre. A chaque voiture qui serait passée, j'aurais eu peur d'entendre le cocher m'appeler pour m'emmener. — Merci, je ne suis pas pressé, — c'est moi qui enterrerai les autres. — Enfin, monsieur, quand vous êtes emménagé, j'ai été ravi. — Un jeune homme! bon, voilà un jeune homme, me suis-je dit ; je ferai sa connaissance, et je me suis intéressé à vous du premier jour où je vous ai vu. — C'est pourquoi, monsieur, je vous invite à dîner avec moi — pour célébrer mon jour de naissance, qui est aussi le vôtre, — à moins que vous n'ayez disposé de votre temps.

Sans savoir pourquoi, Octave fut ému de ce bavardage plein de franchise, de bonne humeur et de gaieté. Le vieux bonhomme paraissait attendre avec anxiété sa réponse, — et il poussa un véritable cri de joie quand Octave lui eut répondu qu'il acceptait.

Octave descendit de chez lui et monta chez son voisin, qui lui avait indiqué par où il devait passer.

Le portier ayant aperçu Octave qui montait l'escalier du devant, lui demanda où il allait.

— Je vais chez mon voisin d'en face, dit Octave.

— C'est drôle, fit le portier à sa femme, voilà

M. Octave qui va chez le bonhomme Jadis. Et cet événement fut toute la soirée un thème de causerie dans la loge.

Quand Octave entra chez le vieillard, celui-ci l'accueillit avec une cordialité toute juvénile, qui semblait vouloir abréger tout préambule de politesse et les mettre sur-le-champ dans l'intimité.

— Attendez-moi un instant, dit le voisin en faisant asseoir Octave, je vais faire un bout de toilette.

— Je vous en supplie, monsieur, dit Octave en se levant, ne faites point de *cérémonies* à cause de moi.

— Eh! monsieur, s'écria le vieillard avec un sourire, c'est aujourd'hui fête; on sort la croix et la bannière, comme on dit; je ne puis point rester comme je suis là. Ne voyez-vous pas que je suis en cuisinier? ajouta-t-il en montrant un tablier qui était serré autour de son corps; depuis ce matin je suis auprès de mes fourneaux à préparer ma petite *noce;* nous avons un joli petit dîner; je suis gourmand, fils de *gueulards*, comme nous disions dans le temps jadis. Enfin, vous verrez. J'avais bien peur de le manger tout seul, mon pauvre dîner; mais j'ai eu la bonne idée de vous inviter. Attendez-moi, je suis à vous dans un instant ; je vous ménage une surprise ; je parie que vous ne me reconnaîtrez pas tout à l'heure.

— Ah ! bah ! — Vous direz que je suis un vieux fou ; mais c'est égal, je n'ai pas de perruque et je ne porte pas lunettes. Mon vin est bon, mes verres sont grands, et nous allons rire.

Et il passa dans une chambre voisine, laissant Octave tout stupéfait.

En attendant le retour de son hôte, Octave examina la pièce où il se trouvait. C'était un petit salon tendu de papier de couleur gaie et garni de meubles d'un autre âge. Les fauteuils, dont les housses étaient enlevées, racontaient de galantes histoires et des bergeries dans le style de Boucher et de Watteau : bergers et bergères, chaumières fleuries, troupeaux enrubanés, Colins et Colettes, tout le monde charmant de la pastorale. Au-dessus d'une petite glace au cadre historié qui se trouvait posée sur la cheminée, on voyait dans un autre cadre un parchemin jauni sur lequel était apposé le grand sceau de l'empire : c'était un brevet de chevalier de la Légion d'honneur. Au-dessous étincelait la croix, attachée à un bout de ruban. A côté de la croix, des épaulettes de laine noircies par la fumée de la poudre, et, pour compléter ce trophée, un sabre d'honneur dont la lame avait brillé au soleil des grandes batailles impériales. Aux murailles étaient accrochés quelques tableaux, ou plutôt de simples lithographies coloriées, dont les sujets étaient empruntés à des histoires d'amour d'une littérature qui florissait jadis au bruit du canon. Le parquet de ce petit salon était recouvert d'une assez belle tapisserie représentant l'enlèvement d'Hélène.

Au bout d'un quart d'heure d'absence, — et comme Octave avait achevé son examen, — le vieux voisin entra dans le salon. — Comme il en avait prévenu Octave, celui-ci ne le reconnut pas sur-le-champ, — tant il était changé.

Le vieux voisin avait un costume d'il y a soixante ans : c'était un habit complet de paysan endimanché.

La veste en surcot marron, culotte en velours olive, gilet de basin, — laissant voir une chemise à petits plis, agrafée au col par un anneau d'argent; cravate à pointes brodées, des breloques en graines d'Amérique battant sur le ventre, des bas chinés et des souliers à boucles ; — un gros bouquet comme en ont les mariés de campagne était attaché à la veste.

Il s'avança en souriant et d'un air leste vers Octave, qui était au comble de l'étonnement.

— Ah ! ah ! fit-il, vous ne me reconnaissez pas. Je vous l'avais bien dit ; ça me fait plaisir tout de même. C'est l'habit de ma jeunesse, voyez-vous. — Je ne le mets plus qu'une fois par an, — au jour de ma naissance. — Ça vous fait rire !... Ah ! jeune homme... quand je mets cet habit-là, voyez-vous, il me semble que je change de peau... et que mes cheveux redeviennent blonds.

Et comme il disait ces paroles, ses gestes, son accent, son regard, — tout cela n'avait que vingt ans.

Octave ne comprenait rien à cette métamorphose subite.

— Allons, dit le vieillard... passons dans la salle à manger ; — tout est prêt, — la table est mise, et nous n'aurons point à nous déranger. — Je me sers moi-même, mon jeune ami. — Autrefois j'avais une servante — jeune et jolie ; c'était la fille d'une pauvre femme; — mais on jasait dans la maison, et quand on rencontrait ma domestique, on lui chantait sur l'escalier :

« Allons, Babet, un peu de complaisance. »

J'ai entendu ça un jour — et ça m'a fâché. — La pauvre fille était innocente. — Je lui ai payé un an de gages et je l'ai renvoyée; j'ai préféré rester seul plutôt que d'avoir une servante vieille.

— Allons, dit le vieux voisin en faisant entrer Octave dans une petite salle à manger — où un appétissant dîner était préparé, — allons, jeune homme, asseyez-vous là, — en face de moi, et pour commencer, buvons, — buvons à nos vingt ans!

Et, faisant sauter le bouchon d'une bouteille de vieux vin, contemporain de son enfance, le voisin en versa deux verres et trinqua avec Octave, qui se plaça en face de lui.

— Comment vous nommez-vous? demanda tout à coup le voisin.

— Je m'appelle Octave, dit celui-ci.

— Et moi... dit le voisin. Au fait, ajouta-t-il en riant, appelez-moi comme tout le monde... le bonhomme Jadis... Et votre maîtresse, comment se nomme-t-elle? — dites, — que nous buvions à sa santé.

— Je n'ai pas de maîtresse, dit Octave en rougissant presque.

— Ah! ciel! — fit le bonhomme Jadis. Vous êtes sûr...

Ordinairement l'approche de la jeunesse a toutes les douceurs souriantes d'une aube d'été, et, comme l'oiseau qui va tenter sa première volée et se penche au bord du nid pour saluer d'un chant joyeux le rayon matinal, le cœur de ceux qui arrivent à l'âge juvénile s'emplit de murmures : mille voix pleines de charmantes promesses s'éveillent dans leur âme, et leurs lèvres, où fleurit un beau sourire, saluent d'un cri d'espérance le soleil levant de leur vingtième année.

Il n'en était pas de même pour Octave, qui avait trouvé le malheur assis au seuil de son adolescence. Aussi la jeunesse lui apparaissait-elle à travers une brumeuse tristesse, et il aurait voulu pouvoir franchir d'un seul pas, et dans un seul jour, cet âge qui sépare l'époque où l'on rêve de l'époque où l'on se souvient.

A vingt ans, il ne savait donc rien d'exact et de précis sur les choses de la vie. C'était une de ces natures tardives qui atteignent quelquefois le milieu de la jeunesse sans que rien ait tressailli dans leur cœur, recouvert d'une cuirasse de placidité.

Aussi avait-il paru étonné et presque effrayé quand son vieux voisin lui avait demandé le nom de sa maîtresse.

Mais le vieillard parut encore surpris davantage lorsque Octave lui répondit qu'il n'était pas amoureux. — Un sourire d'incrédulité courut sur ses lèvres, et il fit un petit geste qui voulait dire :

— Allons donc !

Mais Octave répéta sa réponse, et, en quelques mots, raconta son passé et sa situation présente.

Le vieillard l'avait écouté, les coudes sur la table et la tête appuyée dans ses mains.

— Pas de maîtresse ! C'est prodigieux ! murmurait-il. — Mais alors, jeune homme, qu'est-ce que vous faites donc de vos vingt ans ?

— Je suis pauvre, j'ai mon avenir à assurer, et pour moi le travail est un devoir, dit Octave.

— Le premier devoir de la jeunesse, c'est le plaisir, et l'amour en est la première vertu, dit le bonhomme Jadis en vidant son verre. Moi, j'ai été vertueux. Ma conscience est en repos, ajouta-t-il avec un large rire.

Ces maximes d'une philosophie avancée, inconnue à Octave, l'effarouchèrent au point qu'il se leva de dessus sa chaise, comme s'il s'apprêtait à sortir.

— Eh! là là, dit en souriant le bonhomme Jadis, n'ayez point peur, mon jeune ami, je ne suis point le diable, rassurez-vous. — Ah! dit le vieillard, voilà qui est certainement bien étrange. D'après ce que vous m'avez dit, vous vivez dans l'isolement, fuyant exprès toute société, dans la crainte qu'elle ne vous induise à mal. Je suis sans doute la seule personne avec laquelle vous ayez consenti à avoir des relations, et c'est probablement mon âge qui m'a valu cette préférence. Vous m'aurez pris pour un marchand de morale, un bon *père sermon* bien radoteur, et vous vous serez dit : Voilà mon affaire. De même que moi, lorsque je vous ai vu arriver ici pour la première fois, je me suis dit de mon côté : Mon nouveau voisin est jeune, ça doit faire un gaillard; il amènera un régiment de colombes dans son pigeonnier, ajouta le bonhomme en indiquant du doigt la chambre d'Octave, ça me réjouira la vue; et ce soir, quand je vous ai vu à votre fenêtre et que j'ai eu l'idée de vous inviter à partager mon dîner pour célébrer ensemble notre jour de naissance, je me suis dit encore : Bon, ça va être gai, nous nous conterons nos fredaines. Et puis... pas du tout, voilà que nous sommes trompés tous deux : c'est moi qui suis le jeune homme, et c'est vous qui avez des cheveux blancs. C'est prodigieux, n'est-ce pas? acheva le vieux bonhomme en regardant Octave, qui ne put s'empêcher de sourire.

— Voyons, dit le bonhomme Jadis en frappant sur l'épaule d'Octave, avouez que je vous fais peur, que vous me prenez pour un libertin, pour un fou tout au moins. Ah! fit le vieillard avec un autre accent et en levant les yeux vers le ciel, fou... oui, je le suis peut-être, et Dieu me la conserve, cette chère et douce folie qui ne fait de mal à personne et qui me fait du bien à moi. Eh! mais, dit-il en relevant la tête après un court silence, nous boudons les bouteilles, à ce que je crois, jeune homme. — Et débouchant un second flacon, il versa du vin dans les verres.

Octave avait d'abord eu l'idée de chercher une excuse pour se retirer; mais un vague instinct de curiosité le retint près de ce singulier vieillard : il but le verre que le bonhomme venait de remplir.

— Ah! bon vin de mon pays, disait celui-ci en buvant lentement, tu as baptisé mon premier amour; et quand tu coules dans ma poitrine, il me semble que mon cœur prend un bain de jeunesse, bon vin de mon pays! Comme ça, dit tout à coup le vieillard en regardant son convive dans les yeux, vous n'aurez rien à me conter? Au fait, qu'est-ce que vous me pourriez dire? vous ne savez rien, puisque vous vivez dans un trou.

Ah! c'est bien triste, autant vaudrait avoir pour voisin un séminariste. Quel funèbre compagnon vous faites! Dieu vous punira, jeune homme.

Octave releva la tête et regarda son hôte, dont le visage s'animait de plus en plus.

— Dieu me punira! dit Octave, qu'est-ce que je fais donc de mal? pourquoi?

— A quoi bon vous le dire? reprit le vieillard, vous ne me comprendriez pas. Vous ne croyez pas à mon évangile; c'est pourtant un livre honnête, car il conseille le bonheur, qui est la santé de l'âme. Après tout, continua le bonhomme, vous n'avez que vingt ans; vous êtes en retard, c'est vrai, mais vous pouvez vous convertir. Cependant vous aurez perdu le meilleur temps. Pour moi, je vais déménager; cette maison m'attriste maintenant. Je ne peux plus mettre le nez à la fenêtre sans apercevoir une vieille figure. Je comptais sur votre voisinage; mais... Bah! n'en parlons plus. J'irai loger de l'autre côté de l'eau, dans le quartier latin, c'est plein de jeunes gens; quelquefois je vais m'y promener. Je monte dans les maisons, sous le prétexte de louer un logement, j'entre partout, je regarde, j'écoute. Quelles jolies filles, quelle bonne humeur! comme tout ce monde-là est heureux! Seulement ils ont le tort de boire trop de bière; c'est mauvais, ça glace le sang. Parlez-moi du vin, à la bonne heure. Et il se versa une nouvelle rasade.

En ce moment, le vent qui soufflait des hauteurs de Montmartre secouait à la fenêtre de la salle à manger les lambeaux d'une vieille ronde populaire nouvellement arrangée en quadrille; et un musicien d'alentour, qui faisait à sa croisée des exercices de hautbois, se mit à répéter comme un écho l'air exécuté par l'orchestre de la barrière.

Le bonhomme Jadis, qui s'était subitement tu quand il avait entendu les sons lointains de cette musique, tressaillit et se leva précipitamment lorsque le hautbois du voisinage répéta l'air, dont pas une note n'était perdue.

Comme Octave faisait quelque bruit en se remuant sur sa chaise, le vieillard, qui avait l'oreille tendue dans la direction où l'on entendait l'instrument, se retourna vers le jeune homme et lui dit presque brutalement :

— Chut! taisez-vous donc. Mais le hautbois avait cessé. Il s'était mis à jouer des fragments de musique empruntés aux opéras nouveaux.

— Il faudra que je découvre ce musicien, dit le bonhomme Jadis; et il allait verser à boire, quand le hautbois capricieux laissa de côté la musique moderne et recommença le vieil air populaire.

— Ah! le bon musicien, fit le bonhomme Jadis en se levant tout à fait et en se mettant à danser dans la chambre; le bon musicien! comme c'est bien ça. — Ça vous étonne, jeune homme, dit-il à Octave, qui paraissait de plus en plus surpris.

— Je vais vous dire, j'ai beaucoup aimé sur cet air-là autrefois, au temps où cette culotte, que vous me voyez, était neuve, l'habit aussi et mes mollets aussi, dit en riant le bonhomme en frappant sur ses jambes grêles. Ah! les pauvres quilles; elles se sont joliment trémoussées sur cet air-là. Et pourtant, si j'avais ma pauvre Jacqueline et que nous fussions sous le marronnier avec le gros Blaise, monté sur un tonneau et raclant sur son violon ce vieil air, je ne m'en tirerais pas encore trop mal. Ah! Jacqueline, voilà une fille; on l'appelait *la belle aux cent amoureux*. Et ce n'était pas assez dire, tout le pays en tenait pour elle; il y avait à l'armée une compagnie de gens qui s'étaient faits soldats à cause d'elle; j'en ai fait partie à mon tour.

Pour cette fois, Octave ne douta plus que son vieux voisin ne fût fou.

Une nouvelle bouffée de vent apporta les sons de l'orchestre de la guinguette, où l'on dansait encore le vieux quadrille dont le principal motif avait été répété par le hautbois.

Le bonhomme Jadis ne put pas y résister cette fois.

— Encore un coup, dit-il en vidant la bouteille, buvons et en route !

— En route ! dit Octave, pendant que son voisin mettait son chapeau. Où allons-nous ?

— Eh ! parbleu, — nous allons à la danse. — Ces diables de violons qui s'avisent de jouer cet air-là justement aujourd'hui, — quand je suis dans mes idées. — Il me semble que c'est Jacqueline qui m'appelle. — Allons, jeune homme, en avant !

Octave hésitait, mais la curiosité l'emporta. — Je vous accompagnerai, dit-il.

— Encore un coup, fit le vieillard en montrant les verres, — ça donnera des jambes.

— Encore un coup, donc, — dit Octave en trinquant avec le bonhomme Jadis.

— Et en route ! fit celui-ci. — Vous voyez que je marche droit et sans canne, dit-il à Octave.

Au bout d'une demi-heure, le vieillard et le jeune homme couraient toutes les guinguettes de la barrière.

Dans chaque bal où il entrait suivi de son compagnon, le costume singulier du bonhomme Jadis lui attirait de bruyantes ovations mêlées de rires et de quolibets; mais le vieillard ne se fâchait pas et savait toujours répondre à ceux qui l'agaçaient, quelque repartie qui mettait les rieurs de son côté.

— C'est bien fâcheux, disait le bonhomme à Octave, — je n'entends plus mon air, j'aurais volontiers dansé.

— Vous oseriez... devant le monde ! fit Octave avec inquiétude.

— Et pourquoi non? J'ai bien osé d'autres choses sur cet air-là. — Tenez, quand je me suis fait soldat, à cause de Jacqueline, vous savez, j'avais à peu près votre âge, et je n'étais certainement pas la valeur en personne. — La première fois que je me suis trouvé en face des Autrichiens, dans les plaines de la Lombardie, j'ai joliment regretté ma Bourgogne et le violon du gros Blaise; et si on m'avait offert mon congé, je l'aurais bien accepté. Quand j'ai entendu le premier coup de canon, — c'était un tapage horrible, de la fumée, des cris de mort ! — je n'étais pas à mon aise. — Notre commandant nous crie : Braves soldats, c'est notre tour ! — en avant! en avant! C'était justement du côté des canons. — Tous mes camarades partent comme s'ils couraient à la fête ; moi, je manquais d'enthousiasme. — Mais voilà que la musique d'un régiment qui était en position s'avise justement de jouer mon air... *Tra deri dera, deri dera ;* moi, si doux et si paisible, j'avais à peine entendu la ritournelle, que je me métamorphosai en héros, je devins un vrai lion, — il me poussait une crinière, et me voilà en avant de mon escadron, engagé dans une charge avec les cuirassiers autrichiens. — Le sabre au poing, jurant, tapant comme un sourd, et fredonnant mon petit air *Tra deri dera, deri dera, la la,* — j'allais comme le diable. — Tout à coup je rencontre sur mon chemin un grand gaillard tout doré, qui tenait un drapeau. *Tra deri,* ça ferait une jolie robe pour Jacqueline, que je me dis, et je lui tombe dessus, *deri dera.* — Je le coupe en deux, — *tra deri ;* — je lui enlève son drapeau, *deri deri*. — Le général m'embrasse, on met mon nom à l'ordre du jour de l'armée... et la république me fait cadeau d'un sabre d'honneur. *Tra deri dera, la la deri*. — En 1812 un aide de camp de Murat vient nous prier très-poliment de nous donner la peine d'entrer dans la redoute de la Moskowa. — Notre colonel salue l'aide de camp et lui répond : On y va. — En arrivant sous les murs de la redoute, nous n'étions plus que quarante de notre escadron, et le canon tonnait... l'on aurait dit un tremblement de terre. — C'est pour le coup que je regrettais le violon du gros Blaise. — Mes camarades et moi, nous hésitions un peu, et je me disais à moi-même en regardant la terrible redoute : — Bien sûr, c'est imprudent d'entrer là-dedans. Mais voilà-t-il pas qu'une musique éloignée se met à jouer mon air, *tra deri*... Je pars en avant, les miens me suivent, et nous tombons dans la redoute, terribles et rapides comme des boulets vivants... Un régiment presque entier nous suit, puis deux, puis trois. — On fait un hachis de Russes, et j'attrape la croix d'honneur, toujours sur mon air *Tra deri deri dera*, — et après ça, comment diable voulez-vous que j'aie peur de danser dans un bal?

Comme le bonhomme achevait son récit, l'orchestre commença précisément le quadrille en vogue dans lequel se trouvait l'air sur lequel le vieux soldat avait accompli ses exploits guerriers.

— Ah! enfin, dit le vieillard, nous y voilà... Et, quittant le bras d'Octave, qui ne put le retenir, il fit le tour du bal pour aller inviter une danseuse. Il s'arrêta devant une jeune fille de dix-huit ou vingt ans, vêtue d'une toilette de couleur claire. Elle avait de jolis yeux gris bleu, des cheveux cendrés chastement arrangés en bandeaux et un grand air d'honnêteté sur son visage.

— Elle est charmante, dit le vieillard. Et, s'approchant de la jeune fille, qui paraissait être venue seule au bal, le bonhomme Jadis ôta son petit chapeau rond, se ploya en deux comme un arc, et enchâssa son invitation dans un compliment qui avait une tournure tout à fait galante.

La jeune fille leva les yeux sur ce cavalier singulier, et ne put s'empêcher de sourire en voyant le costume du vieux bonhomme, qui ressemblait à un Colin d'opéra-comique.

— Mais, monsieur, répondit-elle d'une voix douce, je ne sais pas danser.

— Vous ne savez pas danser !... fit le bonhomme. Ah! ciel! c'est prodigieux... mais moi, j'ai su danser avant de savoir lire.

— Du moins, je ne sais pas danser comme on danse aujourd'hui, répondit la jeune fille.

— Oh! ni moi... répliqua le vieillard, ni moi... On va un peu plus loin, en effet, aujourd'hui... ce sont presque des tours de force... Cependant je n'ai pas oublié les figures... dit-il; et sur cet air qu'on joue en ce moment, je suis sûr de me tirer d'affaire... Si vous voulez que nous essayions... fit le bonhomme Jadis en revenant à la charge.

— Oh! non merci, monsieur... dit la demoiselle. Je ne suis pas venue dans l'intention de danser. Je suis entrée ici par curiosité... un moment... parce que c'était sur mon chemin... Je n'ai pas l'habitude d'aller au bal... Merci...

— Cependant... fit le bonhomme en insistant, sur

cet air-là, qui est si joli... Écoutez-donc... *Tra deri, deri dera.* Hein ! comme c'est gai... *deri, dera...* Ça ne vous donne pas envie? ajouta-t-il en battant fort prestement un entrechat.

— Merci, monsieur, merci, répondit la jeune fille en se cachant la figure pour ne pas rire. — D'ailleurs il va pleuvoir, dit-elle. — En effet, le ciel s'était chargé, l'air était lourd, le ciel se coupait d'éclairs par intervalles; et le quadrille était à peine commencé, qu'une grosse pluie vint disperser les danseurs, qui se réfugièrent dans le café, où il n'y eut bientôt plus assez de place.

Pendant le dialogue de son vieux voisin avec la jeune fille, Octave s'était tenu à quelque distance. Mais quand l'orage avait éclaté, il s'approcha du bonhomme Jadis et lui dit :

— Il faut nous retirer. Il est tard, d'ailleurs.

— Où diable voulez-vous que nous allions, dit le vieillard, par ce temps affreux? un vrai déluge! Il faut entrer quelque part... prendre quelque chose. Nous ne pouvons pas rester là. Voilà déjà que je ressemble à une éponge... — Ah! mon Dieu! fit-il en se retournant vers la jeune fille... Mais vous, mademoiselle, vous ne pouvez pas rester dehors... Vous allez gâter votre jolie toilette. — Venez avec nous vous mettre un instant à l'abri.

— Merci, monsieur, dit-elle, je vais m'en aller... je prendrai une voiture... je ne demeure pas loin d'ailleurs, — rue Rochechouart... c'est à côté...

Et, mal abritée sous un petit acacia faisant dôme, elle regardait tristement la pluie qui commençait mouiller sa robe.

— Rue Rochechouart, dit le bonhomme Jadis, — mais alors nous sommes voisins, mademoiselle. — Monsieur, fit-il en montrant Octave, qui ne levait pas les yeux, — et moi, nous habitons rue de la Tour-d'Auvergne, numéro...

— Tiens, fit la jeune fille, nos maisons se touchent... moi j'habite le pensionnat de demoiselles...

— Ah! fit Octave en levant les yeux. — J'ai une fenêtre qui donne sur le jardin.

— Eh bien, c'est ça ! — fit le bonhomme Jadis, — nous sommes tous voisins... Alors mademoiselle n'a plus de raisons pour refuser de se mettre avec nous à l'abri ; nous attendrons la fin du mauvais temps, — et nous reconduirons mademoiselle ; — il sera un peu tard... comme elle est seule...

— En effet... ce serait plus prudent... dit Octave. La jeune fille garda le silence. Le bonhomme Jadis regarda les deux jeunes gens ; un sourire courut sur ses lèvres, et il chantonna tout bas le refrain de son vieil ami : *Tra deri, dera, dera.*

— Allons, dit-il, voilà qui est entendu... entrons là-dedans.

Et il se dirigea vers le café du jardin champêtre, laissant derrière lui la jeune fille et Octave, très-embarrassés tous les deux.

— Eh bien, venez-vous ? — s'écria le vieillard, sur la porte du café.

— Nous voici, dit Octave, qui, après une courte hésitation se décida à offrir la main à sa compagne pour l'aider à franchir une petite mare d'eau.

Ce fut seulement bien après minuit que l'on put songer à se retirer. L'orage n'avait point cessé, et il avait plu à torrents.

— Nous allons être à l'amende, — disait le bonhomme Jadis à Octave, en entendant sonner une heure du matin comme ils passaient à la barrière.

— Une heure... déjà... mon Dieu ! fit la jeune fille avec épouvante. — Si on n'allait pas m'ouvrir...

— Hi! hi! hi! — fit le bonhomme Jadis en lui-même. — Ça serait drôle... *tra deri,* — très-drôle... *deri dera...*

— Rassurez-vous, mademoiselle, — disait Octave à sa compagne, dont il sentait le cœur battre sous son bras, — nous voici arrivés ; dans un moment nous serons à votre porte...

Et il pressait le pas, tandis que le vieux voisin ralentissait exprès sa marche, en murmurant des mots décousus, — comme :

— Il sera trop tard... pauvre fille... rester à la porte... à la belle étoile... — Ah! bah! *tra deri...* si mon jeune ami savait s'y prendre... l'hospitalité... de mon temps... *deri dera...* je sais bien ce que j'aurais fait... pas de maîtresse... à vingt ans... *tra deri...* c'est prodigieux, *deri dera...*

— Tiens! tiens! on n'ouvre pas, dit-il en s'arrêtant tout à fait à quelque distance des deux jeunes gens, qui étaient arrêtés devant une maison de la rue Rochechouart faisant angle avec celle de la rue de la Tour d'Auvergne.

Trois ou quatre coups de marteau retentirent violemment dans le silence et furent répétés par tous les échos de la rue déserte.

— C'est qu'on n'ouvre pas... tout de même, continuait le bonhomme Jadis en se rapprochant. Comment vont-ils se tirer de là ?

Trois nouveaux coups ébranlèrent la porte, qui resta close.

— Eh bien, fit le vieillard en s'approchant, ils sont donc sourds ?

— Ah ! mon Dieu, disait la jeune fille, qui paraissait en proie à une grande agitation, qu'est-ce que madame va dire ? Et le portier qui n'entend pas !

— Madame ? qui ça, madame ? demanda le bonhomme.

— La directrice de la pension où je suis sous-maîtresse ; je devais être de retour à dix heures. Mon Dieu ! je vous en prie, ajouta-t-elle en parlant à Octave, frappez plus fort, on entendra peut-être.

Octave frappa, mais plus doucement qu'il n'avait fait, et tout en frappant il regardait la jeune fille, dont l'inquiétude était à son comble, et il aperçut une larme qui roulait sur sa joue. Ces pleurs dans ses yeux bleus causèrent au jeune homme une telle impression qu'il n'avait plus la force de frapper.

— On n'entend pas, dit-il, c'est inutile. Comment faire? Et il regarda sa compagne.

— Ah! mon Dieu, reprit le bonhomme Jadis d'une voix ironiquement dolente, comment faire?

— Comment faire? dit doucement la jeune fille.
— Ah! s'écria-t-elle en relevant la tête, j'entends du bruit... on a entendu.

— C'est impossible, s'écria Octave, tout le monde dort.

— Mais on s'est réveillé... Vous avez frappé trop fort, jeune homme, lui dit à l'oreille le bonhomme Jadis. C'est égal, la partie est bien engagée, mes compliments.

— Je ne vous comprends pas, fit Octave.

— *Tra deri dera*, chantonna le vieillard.

Pendant ce temps-là une petite fenêtre en œil-debœuf venait de s'ouvrir au-dessus de la porte cochère.

— Qui est là? dit une voix.

— C'est moi, répondit presque à voix basse la jeune fille.

— Qui, vous? demanda la voix; ça n'est pas un nom ça.

— Mademoiselle Clarisse, de chez madame Hubert, la maîtresse de pension; ouvrez.

— Ah! c'est vous, répliqua la voix. C'est vous qui rentrez à des heures pareilles... C'est du joli! Excusez...

— Mais ouvrez donc, s'écria Octave avec vivacité; voilà une heure que nous sommes à la porte.

— Chut! dit doucement Clarisse en mettant sa main sur la bouche du jeune homme, ne le fâchez pas, il est méchant et serait capable de ne pas m'ouvrir.

— Ouvrirez-vous, à la fin? cria Octave d'une voix de tonnerre.

Le bonhomme Jadis avait entendu la recommandation faite tout bas par la jeune fille; et voyant de quelle façon le jeune homme lui avait obéi, il s'approcha d'Octave et lui glissa à l'oreille :

— Très-bien! je vous les réitère, mes compliments.

— Puisque c'est comme ça qu'on me parle, reprit la voix du portier, je n'ouvrirai pas; à cette heure-ci les honnêtes gens sont couchés, il n'y a que les vagabonds qui sont dehors.

— Vous voyez, fit Clarisse à Octave... Je vous l'avais bien dit, il est fâché; j'en étais bien sûre, on va me laisser à la porte, et demain madame Hubert ne voudra plus me recevoir. Qu'est-ce que je deviendrai? Et elle se mit à fondre en larmes.

— Voyons, mon brave homme, dit le bonhomme Jadis au portier... vous ne laisserez pas cette pauvre petite à la porte. Vous avez la voix grosse... mais vous êtes sensible, le cœur est bon... Allons! ajouta le bonhomme, le cordon, s'il vous plaît.

Le portier crut qu'on se raillait de lui; et il s'apprêtait à refermer la fenêtre, quand il entendit les pas d'une patrouille qui s'avançait dans la rue; il craignit qu'on ne l'appelât, et, sans répondre, il tira le cordon.

Au moment où elle s'y attendait le moins, Clarisse, qui était appuyée contre la porte, la sentit fléchir sous elle...

— Il a ouvert! il a ouvert. Merci, messieurs, je rentre bien vite... Ah! j'ai eu bien peur, ajouta-t-elle en regardant Octave, qui paraissait tout stupéfait. Adieu! dit-elle; et elle disparut, fermant la porte derrière elle.

— Eh bien, dit le bonhomme Jadis à Octave, qui ne bougeait pas, est-ce que nous allons coucher là, mon jeune ami?

— Non, non, répondit machinalement Octave en regardant toujours la porte; le portier avait pourtant dit qu'il n'ouvrirait pas, ajouta-t-il.

— Oui, mais il a ouvert; c'est égal, dit le vieillard, vous êtes en bon chemin maintenant. C'est toujours tout droit; et comme vous allez d'un assez bon pas, à ce que j'ai pu voir, vous arriverez. Et maintenant, allons nous coucher.

Arrivés à leur porte, Octave et le bonhomme Jadis recommencèrent le même manége qu'ils venaient de faire à la porte de mademoiselle Clarisse. Ce ne fut qu'au bout d'un grand quart d'heure que le portier consentit à leur ouvrir.

Octave se jeta sur son lit et ne dormit presque pas.

Le lendemain, dès le matin, — il était installé à la petite fenêtre donnant sur le jardin de l'institution de demoiselles.

A l'heure de la récréation des élèves, Octave aperçut enfin mademoiselle Clarisse. Elle était assise sur un petit banc appuyé au mur, et justement situé dans une perpendiculaire directe au-dessous de la fenêtre du jeune homme.

Tout à coup un petit papier attaché à un petit morceau de bois tomba sur le livre qu'elle tenait à la main.

La jeune fille releva la tête et aperçut Octave; — elle lui sourit en mettant un doigt sur sa bouche, ramassa le petit papier et le mit dans sa poche; puis, la cloche ayant sonné pour la rentrée en classe, elle disparut avec ses élèves.

Octave sauta en bas de la fenêtre et exécuta une danse folle.

— Bravo!... bravo! cria une voix qui venait d'une fenêtre de la cour.

Octave courut à sa croisée — qui était resté ouverte — et il aperçut le bonhomme Jadis qui jardinait comme de coutume.

— Eh bien, nous savons donc danser maintenant ? dit le vieillard.

Octave lui répondit par un sourire accompagné par un geste amical.

Le soir du même jour, le portier monta tout essoufflé et tout effaré...

— Monsieur Octave, dit-il... c'est extraordinaire... ce qui arrive...

— Quoi donc ? demanda le jeune homme avec inquiétude.

— Une lettre... une lettre pour vous !... C'est une dame qui l'a apportée... Nous en avons été saisis, ma femme et moi...

— Donnez donc vite, s'écria Octave en prenant la lettre des mains du portier, sur qui il referma sa porte.

Quelques jours après, — le matin, — comme le bonhomme Jadis arrosait ses fleurs, il entendit un duo d'éclats de rire qui s'échappait de la chambre d'Octave.

— Ah ! dit le bonhomme en se frottant les mains, je n'ai plus besoin de déménager; — j'ai mon affaire en face de moi, — ça me rappellera Jacqueline. — Vingt ans! et pas d'amourettes ! — c'était trop fort aussi... A la bonne heure, maintenant. — Il faut bien se ranger. — *Tra deri, deri dera.*

LES AMOURS D'OLIVIER

I

Olivier avait vingt ans. La poésie n'avait d'abord été chez lui qu'une maladie de la première jeunesse, qu'un premier amour avait fort envenimée, et que plus tard la fréquentation de jeunes gens voués à l'art avait rendue chronique. Le père d'Olivier, homme très-rigide et très-positif, voulait faire suivre à son fils la carrière du commerce, et dans cette intention il avait envoyé Olivier prendre des leçons de tenue de livres chez un professeur du quartier. C'était un homme déjà vieux, ayant mené longtemps la vie des joueurs et des débauchés, et le moins habile physionomiste aurait lu facilement sur sa figure la carte de tous les mauvais penchants. A quarante-cinq ans cet homme, qui s'appelait M. Duchampy, avait épousé une jeune fille qu'il avait séduite. A l'époque où Olivier vint prendre des leçons chez lui, M. Duchampy était marié depuis quelques années ; sa femme avait vingt-quatre ans. C'était une femme de cette race frêle et maladive, où les poëtes de l'école poitrinaire vont ordinairement chercher leur idéal. Madame Duchampy possédait toutes les grâces langoureuses et attractives de ces sortes de tempéraments, hypocrites quelquefois, et qui, sous une apparence de faiblesse, cachent de grandes provisions de force et d'ardeur. Ses yeux d'un bleu indécis s'allumaient parfois d'un éclair fugace aux lueurs duquel son visage, ordinairement calme et pâle, s'animait et se colorait à la fois. Mais ce n'étaient là que de rares accidents, de passagères éruptions de vie, résultant peut-être d'un flux de jeunesse et de passion comprimées. Sans être précisément un appel à la pitié, son sourire excitait l'intérêt, et paraissait accuser confusément une vie de souffrances ignorées dont la confidence, faite de sa voix lente et douce, pouvait être souhaitée par un jeune homme enclin à l'élégie. Madame Duchampy restait souvent le soir dans la salle d'étude où Olivier venait prendre sa leçon quotidienne. Elle travaillait à quelque ouvrage de tapisserie ou donnait ses soins à une petite fille de deux ans, qui, dans les bras de sa mère, semblait une fleur mourante attachée à un arbrisseau malade. Pendant que son professeur s'occupait auprès de ses autres élèves, Olivier détournait les yeux de ses cahiers noirs de chiffres, et regardait madame Duchampy, qui s'arrangeait toujours de façon à être surprise dans quelque attitude de coquetterie maternelle.

Il arriva une chose bien simple : — c'est qu'Olivier n'apprit aucunement la tenue des livres, et qu'il devint parfaitement amoureux de la femme de son professeur. Un soir madame Duchampy se trouvant seule avec Olivier, elle lui fit ses confidences. C'était quelques jours après la mort de sa petite fille. — Olivier tomba à ses genoux et laissa couler sur ses mains ces larmes toutes chaudes de sincérité qui gonflent les cœurs naïfs. Il eut toute l'éloquence de l'inexpérience. — Il exprima la passion réelle avec l'accent vrai, et il fut écouté d'autant plus qu'il était attendu. A compter de ce jour-là madame Duchampy s'appela Marie pour Olivier.

Cependant, quoi qu'il eût fait pour enrayer ses progrès, — afin d'avoir un prétexte pour venir dans la maison, au bout de six mois de leçons Olivier en savait assez pour entrer dans n'importe quel comptoir commercial. — Son professeur le lui déclara un jour; mais il ajouta : — J'espère néanmoins que cela ne vous empêchera pas de venir nous voir, et le plus souvent sera le mieux. — Olivier vint hardiment tous les jours.

Le professeur ne paraissait aucunement s'inquiéter de cette assiduité. — Il en connaissait parfaitement le motif; mais il savait à quoi s'en tenir sur les relations de ce jeune homme avec sa femme, et se tenait rassuré sur l'innocence de cette passion, qui vivait dans l'outre-mer du platonisme le plus pur. Un jour M. Duchampy surprit une lettre que le poëte écrivait à Marie. Cette épître, que le pudique Joseph lui-même aurait signée sans difficulté, commençait par ces mots : « Ma sœur ! » — M. Duchampy poussa un grossier éclat de rire.

— Et vous, demanda-t-il à sa femme, — le nommez-vous mon frère? Cela serait curieux. Mais en vous appelant ainsi de ces noms fraternels, ne savez-vous point que vous semez tout simplement de la graine d'inceste dans le terrain de l'adultère?

— Olivier est un enfant, dit Marie; — c'est de l'amitié qu'il a pour moi, c'est de la pitié que j'ai pour lui. — Voilà tout, vraiment; — mais, si vous le désirez, — je le renverrai.

— Non pas! répliqua le mari. — A moins qu'il ne vous ennuie trop avec son amour bleu de ciel. — Gardez-le, cela m'est égal.

Au fond, M. Duchampy était réellement fort indifférent. — Il n'aimait sa femme que comme un être docile et silencieux — sur lequel il pouvait à loisir épancher ses colères — quand il avait perdu au jeu. — D'un autre côté, l'assiduité d'Olivier lui servait de prétexte pour s'échapper de son ménage et courir de honteux guilledous.

Les amours de Marie avec Olivier durèrent dix-huit mois, pendant lesquels ils ne s'écartèrent point des pures régions du sentiment. Au bout de ce temps, des pertes successives faites au jeu engagèrent M. Duchampy dans d'assez méchantes affaires, compliquées de faux. Il fut forcé de fuir en Angleterre pour éviter des poursuites. Sa femme resta à Paris, sans ressources. Olivier, qui jusqu'alors n'était resté avec Marie que du matin jusqu'au soir, y resta une fois du soir jusqu'au matin : — c'était une nuit d'hiver, — une de ces longues nuits, si longues et si dures pour les pauvres, si courtes et si douces pour ceux qui les passent les bras au cou d'une femme aimée. — Mais le réveil de cette nuit fut terrible. Madame Duchampy était avertie qu'elle allait être poursuivie comme complice de son mari, affilié à une société de gens suspects. — Voyant la liberté de sa maîtresse menacée, — et sans réfléchir un seul moment qu'il pouvait se compromettre en la dérobant aux poursuites dont elle était l'objet, Olivier voulut sauver celle qui n'avait désormais d'autre appui que lui.— Comme il ne pouvait l'emmener dans la maison de son père, où il logeait, Olivier pensa à un jeune peintre de ses amis — qui, outre l'atelier où il travaillait, possédait dans un quartier voisin une chambre qui lui servait seulement pour coucher.—Urbain consentit à céder cette chambre à Olivier, qui vint y cacher sa maîtresse. — Urbain venait quelquefois passer la soirée avec les deux jeunes gens à qui il donnait l'hospitalité. — Après plusieurs visites il revint un jour pendant l'absence d'Olivier, et passa beaucoup de temps avec Marie; — le lendemain il revint de nouveau, et aussi le surlendemain. — Le troisième jour, en rentrant le soir, Olivier ne trouva plus personne dans la chambre : — Marie était partie, laissant pour Olivier une lettre très-laconique.

Elle lui apprenait qu'ayant reçu avis qu'on avait découvert son refuge, elle avait dû en chercher un autre chez une parente. — Olivier ne lui en connaissait pas. — Dans sa lettre Marie conseillait à son amant de ne point compromettre sa sûreté en cherchant à la voir, et lui ajournait à huit jours de là une entrevue, le soir, place Saint-Sulpice.

Olivier courut à l'atelier d'Urbain, pour lui apprendre ce qui lui arrivait.

Le peintre le reçut avec un air embarrassé.

— J'étais allé dans ma chambre tantôt pour prendre

quelque chose dont j'avais besoin, dit Urbain. J'ai trouvé Marie en émoi : elle venait de recevoir l'avis dont elle parle dans la lettre;—elle est partie sur-le-champ... — Je l'ai accompagnée, ajouta-t-il maladroitement.

— Alors, tu sais où elle est? dit Olivier avec vivacité.

— A peu près, répondit le peintre,—mais ce secret n'est point le mien, et je ne puis rien te dire.—Qu'il te suffise de savoir que Marie est en sûreté ; et comprends bien que, pour un certain temps, toi, qui es peut-être surveillé aussi, suivi sans doute, il importe, et la prudence l'exige, que tu cesses de voir Marie. — Au reste, ajouta Urbain, je suis tout à toi, — et je ferai auprès de ta maîtresse toutes les commissions dont tu me chargeras.

Olivier n'eut aucun soupçon. — Au jour que lui avait indiqué Marie, il se trouva le soir place Saint-Sulpice;—l'heure désignée avait déjà sonné et Marie n'était pas encore arrivée. Au moment où il commençait à perdre patience—il aperçut venir Urbain.

— Marie est malade et ne peut sortir ce soir, dit le peintre.

— Malade! fit Olivier, pâle d'angoisse. — Conduis-moi vers elle.

— Non, reprit Urbain, — elle me l'a défendu.

Olivier regarda son ami, — qui, malgré lui, baissa les yeux.

— Je veux voir Marie absolument, dit Olivier, entends-tu cela? — ce soir, tout de suite, sans retard. — Arrange-toi comme tu voudras; qu'elle vienne ou que j'aille la trouver. — Choisis, il faut que je la voie.

— C'est bien, dit Urbain, qui paraissait inquiet. — Je vais aller dire à Marie, — malade, brûlée par la fièvre, qu'elle quitte son lit — pour courir la rue, sous les frissons d'un ciel noir; — je lui dirai que, dût-elle arriver en rampant sur le pavé et tomber morte sur cette place, il faut qu'elle vienne.

— Pourquoi ne veux-tu pas me conduire chez elle? — dit Olivier doucement.

— Parce qu'elle ne peut point te recevoir là où elle est; — ce n'est pas chez elle.

— Mais elle te reçoit bien, toi.

— Je ne suis pas son amant, moi, — je ne suis que

son ami à peine, et le tien ;—le trait d'union qui vous unit, — voilà tout ce que je suis. — Que décides-tu ? — demain... après... dans quelques jours Marie pourra sortir sans danger pour sa santé et pour sa liberté. — Attends.

— Je n'attendrai pas une minute, — dit Olivier ; — va chercher Marie.

— C'est bien, — répondit Urbain, — j'y vais.

Une idée terrible traversa l'esprit d'Olivier. — Marie est chez Urbain,—lui cria un instinct prophétique ; et il s'élança sur les traces du peintre, — le rejoignit, et sans avoir été aperçu, le vit entrer chez lui. Olivier se cacha dans un angle obscur du voisinage pour surprendre Urbain au moment où il sortirait. — Au bout de quelques instants le peintre sortit de la maison où était son atelier ; — il n'était point seul, — quelqu'un l'accompagnait, — c'était un jeune homme.

Olivier respira plus librement, — seulement son inquiétude n'avait pas cessé.

Comment Urbain, qui l'avait quitté pour aller chercher Marie, revenait-il avec un jeune homme et non avec Marie? — et si ç'avait été elle, comment et pourquoi se serait-elle trouvée chez Urbain? Olivier se posait toutes ces questions en rejoignant à la hâte la place Saint-Sulpice par un chemin plus abrégé que celui pris par Urbain. — Aussi arriva-t-il quelques secondes avant lui.

— Et Marie? cria Olivier en voyant Urbain s'avancer sur la place, — où est-elle, Marie?

— Me voilà, répondit une voix, — la voix du compagnon d'Urbain, qui n'était autre que Marie sous des habits d'homme.

— Ah! fit Olivier... C'était donc toi, tout à l'heure!
— Mais le cri de sa maîtresse, la révélation subite de la trahison d'Urbain, avaient frappé Olivier au cœur; — il chancela comme un homme qui vient de recevoir une balle, et sans l'appui d'un arbre qui se trouvait derrière lui, il serait tombé sur le pavé.

— Le malheureux! s'écria Marie, en se précipitant vers Olivier.

— Allons, bon! dit Urbain avec impatience, allons-nous faire des scènes en public, à présent? — Pourquoi êtes-vous venue? — Laissez-moi seul avec

Olivier, — nous nous expliquerons, — c'est impossible devant vous; allez... retournez à la maison.

Jamais les plus orageuses colères de son mari n'avaient autant épouvanté la jeune femme que cette brutalité froide. — L'attitude cruelle d'Urbain la trouva sans résistance, — et sous son regard impératif elle ploya comme un saule sous l'ouragan. — Après une courte hésitation elle se retira lentement, laissant Urbain et Olivier seuls sur la place déjà déserte.

La fraîcheur de l'air tira un instant Olivier de son presque évanouissement. — Il regarda autour de lui.

— Où est Marie? demanda-t-il.

— Elle est retournée chez elle, — chez moi, répondit Urbain brièvement.

— Chez elle... chez toi... murmura machinalement Olivier... C'est donc vrai... chez elle... chez toi?...

— Eh bien, oui, — puisque nous demeurons ensemble. — Après?... Est-ce tout ce que tu as à me dire?

Olivier parut chercher une réponse, — mais sa

pensée était pour ainsi dire asphyxiée par sa douleur, et sa parole, noyée dans les larmes, n'arrivait pas jusqu'à sa bouche.

— Que dire à cela ? murmura Urbain, — j'aimerais mieux une querelle. Mais des pleurs ici, — des pleurs là-bas sans doute ; — que le diable les emporte tous les deux ! — Si ce qui arrive est arrivé, c'est autant la faute de Marie que la mienne ; — d'ailleurs — *c'était dans ma chambre.* Voyons, dit-il en secouant Olivier, parle-moi, accuse-moi... Je me défendrai si je veux... Marie est ma maîtresse, eh bien, oui ! — c'est vrai... — elle était bien la tienne !

Olivier n'entendait pas, — il avait un millier de cloches dans la tête, qui toutes lui donnaient ce nom, — MARIE. Sa bouche se contractait horriblement, et il paraissait souffrir comme s'il eût mâché des charbons ardents. — C'était une espèce d'apoplexie du désespoir.

— Mais parle-moi donc ! s'écria Urbain.

— Oh ! oh ! fit Olivier... en tombant aux genoux du peintre... je t'en supplie... mène-moi voir Marie ; — et il retomba dans son insensibilité.

— Allons, dit Urbain, il n'y a rien à faire.

Un cabriolet passait. Urbain appela le cocher, lui paya sa course d'avance, lui donna l'adresse d'Olivier, qui sanglotait comme une fille, et fit monter celui-ci dans la voiture.

— Il est malade, le bourgeois, — dit le cocher, — il pleure.

— Il est ivre, dit Urbain.

— Ah! oui, — il sue son boire par les yeux, — moi j'ai pas le vin tendre. — Hue, la Blonde! — ajouta le cocher, en allongeant un coup de fouet à sa rosse.

II

Pendant la course Olivier retrouva graduellement un peu de calme. En arrivant chez lui il alla dire bonsoir à son père, qui le reçut fort mal. Puis il monta dans sa chambre. Sans même songer à fermer la fenêtre, par où soufflait une bise aiguë dont les baisers, qui pouvaient être des caresses mortelles, glissaient sur son front humide d'une sueur brûlante, Olivier s'assit près d'une table, la tête posée entre ses mains.

Avez-vous vu dans un hôpital faire à un homme l'amputation d'un membre? On étend le malade sur une haute table recouverte d'un drap blanc. Tout autour se rangent le chirurgien et les élèves, qui, en les tirant de la trousse, font cliqueter l'arsenal des instruments de chirurgie. A ce bruit sinistre le sujet détourne la tête, épouvanté comme un cerf qui entend l'aboi des chiens prêts à le déchirer. — Sur le seuil de la salle, les autres malades de l'hôpital viennent voir *comme cela se joue.* Le chirurgien retrousse le parement de son habit, choisit un joli instrument à manche d'ivoire ou de nacre, et, s'il est habile, fend d'un seul coup l'épiderme. — Une rosée pourpre vient tacher le drap. — L'opération est commencée. — Le patient crie; — ce n'est rien encore. — Voici tous les bistouris, tous les couteaux et les scalpels, toute la meute de fer et d'acier qui se précipite à la curée — et ouvre dans la chair une brèche sanglante au passage de la scie qui s'en va mordre l'os. — Le chirurgien continue son exécution; et, si c'est un jour de clinique, tâche de se distinguer, comme un musicien qui joue un solo dans un concert à son bénéfice. — Le patient hurle plus fort, — la scie a entamé l'os. Pendant ce temps-là, et tout en préparant les ligatures et les tampons pour étancher le sang, — les élèves rient et causent entre eux de l'actrice en vogue et de la pièce sifflée. Cependant le patient pousse un cri suprême : — la scie a donné son dernier coup de dent; et le membre, détaché du tronc, tombe dans une mare de sang.

Le chirurgien essuie ses outils, lave ses mains, rabat les manches de son habit, et dit au malade :

— Adieu, mon brave homme. — Vous n'aurez plus la goutte à cette jambe-là ; — ou — vous n'aurez plus d'engelures à cette main-là, si c'est un bras qu'on vient de couper, — car il y a une plaisanterie spéciale et appropriée à chaque genre d'opération.

Quant au malade, on le transporte dans son lit : — il meurt ou il guérit. Mais, dans ce dernier cas, il est bien sûr que sa jambe ou son bras coupé ne lui repousseront pas — et qu'il n'aura plus à subir le martyre d'une nouvelle amputation.

Mais si, au lieu d'un membre, — il s'agit d'un sentiment, — d'une passion, d'une amitié rompue, d'un amour trahi ; si c'est surtout la première de nos illusions qu'il s'agit d'amputer, c'est autre chose de bien plus terrible, ma foi ! — D'ailleurs tout n'est pas fini — et l'opération n'a pas le résultat brutal de l'acier du chirurgien, — qui coupe et retranche à jamais. A cette amitié rompue succédera une amitié nouvelle ; — à cet amour trahi — un amour nouveau, qui doivent, l'une se rompre encore et l'autre être encore trahi. Et de nouveau l'expérience viendra vous dire : — Je t'avais pourtant prévenu : pourquoi n'es-tu pas encore guéri ? et elle recommencera ses terribles opérations ; mais à peine partie, — arrivera derrière elle — l'espérance, cette éternelle persécutrice, qui déchirera l'appareil posé par l'expérience et détruira son ouvrage ; — et ainsi toujours, — jusqu'à la fin — de la fin.

Il est des natures qui ne survivent pas à la mort de leur première illusion : — ce sont les natures privilégiées. — Il en est d'autres chez qui l'espérance perpétue la douleur.

Olivier avait dix-huit ans. — Son premier amour

et sa première amitié gisaient flétris sur le champ de sa jeunesse. Un peu plus tôt, un peu plus tard, — qu'importe ! son heure était venue. — Subissant le sort commun, il allait à son tour s'étendre sur le sinistre chevalet de torture où, venant lui porter son premier coup de griffe et lui donner sa première leçon, l'expérience allait le mutiler avec tous ses scalpels et tous ses couteaux.

A cette heure même, dans une chambre voisine de la sienne, une compagnie de jeunes gens et de jeunes femmes, buvant à plein verre le vin, qui est le jus du plaisir, chantaient ce refrain connu :

« Dans un grenier qu'on est bien à vingt ans. »

Méchant mensonge qu'on croirait écrit par un propriétaire pour faire une réclame à ses mansardes ! Triste paradoxe qui montre les coudes comme un habit usé ! Mauvais vers au milieu des vers de ce poëte qui, pour avoir trop consommé de lauriers pendant sa vie, n'en aura peut-être plus assez pour indiquer sa tombe.

Toute la moitié de la nuit Olivier resta immobile à

la même place, se crucifiant sur la croix des souvenirs et buvant la douleur à pleine coupe jusqu'à ce que son cœur lui criât : Assez !

Pareilles aux corbeaux qui flairent les cadavres, — les sinistres pensées qui rôdent autour du désespoir — voltigeaient autour d'Olivier, et lui soufflaient au cœur la haine de la vie et l'amour de cette haine ; son cerveau ébranlé battait sous son crâne comme le marteau d'une cloche : — c'était le tocsin qui sonnait la mort prochaine de sa jeunesse.

On chantait toujours dans la chambre voisine, — et chaque vers de ces joyeux couplets, comme une flèche de gaieté acérée, s'enfonçait dans le cœur moribond du jeune homme.

Enfin, sortant de cette muette immobilité, il prit du papier et écrivit rapidement jusqu'au jour levant.

Il écrivit deux longues lettres, l'une à Urbain, l'autre à Maric. — Ces lettres terminées, il réunit dans un seul paquet toutes les petites choses que sa maîtresse lui avait données *au temps de l'autrefois*. — Il ferma ce paquet en répétant une strophe d'un des poëmes les plus lamentables, d'Alfred de Musset :

> Je rassemblais des lettres de la veille,
> Des cheveux, des débris d'amour;
> Tout ce passé me criait à l'oreille
> Ses éternels serments d'un jour,
> Je contemplais ces reliques sacrées
> Qui me faisaient trembler la main,
> Larmes du cœur par le cœur dévorées,
> Et que les yeux qui les avaient pleurées,
> Ne reconnaîtront plus demain.

Au matin, la servante de son père monta pour faire le ménage.

— Où est mon père? demanda Olivier.

— Il est sorti pour toute la journée, répondit la bonne femme.

Olivier profita de cette absence pour envoyer la servante chez le pharmacien de la maison avec une ordonnance qu'il avait faite lui-même. — Il la chargea aussi de mettre à la poste les deux lettres pour Urbain et Marie.

— Monsieur, dit la servante en rapportant un demi-rouleau de sirop de pavots, vous prendrez bien garde : — le pharmacien m'a bien recommandé de vous dire de ne boire ça — que par cuillerées, — de deux heures en deux heures. Il paraît que c'est *de la poison* tout de même. — C'est pour faire dormir, pas vrai ?

— Oui, dit Olivier, — pour faire dormir, — et il renvoya sa bonne.

En moins d'une heure il avait bu entièrement le sirop de pavots.

III

Depuis près de deux jours le père d'Olivier ne l'avait pas vu. Pris de quelque inquiétude, il monta à la chambre de son fils pour savoir ce que celui-ci pouvait faire. Ne trouvant point, comme d'habitude, la clef sur la porte, qui était intérieurement fermée au double tour, il frappa violemment et appela plusieurs fois à haute voix. On ne lui répondit pas. — Ce silence obstiné augmenta son inquiétude et l'effraya presque. Il alla chercher de l'aide dans la maison et revint enfoncer la porte, qui céda à la fin. Suivi de deux ou trois voisins, il se précipita dans la chambre. — Olivier se réveilla à tout ce bruit ; il avait dormi trente heures. L'énorme dose de soporifique qu'il avait prise, mortelle pour des natures moins robustes que la sienne — ne l'avait point tué, — et le premier mot qui vint caresser sa lèvre à son réveil fut le nom de Marie.

En apercevant son père, — Olivier avait essayé de se lever du lit où il s'était couché tout habillé, — mais il ne put faire un pas.

Sa tête était de plomb, — et il avait un enfer dans l'estomac.

— Qu'est-ce que tu as? lui demanda son père, resté seul avec lui.

— J'ai mal à la tête, — dit Olivier. — Et comme ses yeux venaient de rencontrer le rouleau de sirop, — il murmura : — Il n'y en avait pas assez ! — Il y en avait trop, au contraire, — et c'était cela qui l'avait sauvé.

Ce fut seulement en voyant cette fiole que le père d'Olivier comprit sa tentative de suicide. Il allait commencer un interrogatoire — lorsqu'on entendit marcher dans le corridor. — Olivier tressaillit : il avait reconnu le pas qui s'approchait.

— Mon père, dit-il, laissez-moi seul avec la personne qui va entrer.

— Mais tu souffres, lui dit son père; — il faut envoyer chercher un médecin.

— Non, fit Olivier avec vivacité. — N'ayez point de crainte; — je me suis bien manqué. Et d'ailleurs j'ai l'idée que la personne qui vient m'apporte le meilleur des contre-poisons. — Je vous en prie, laissez-moi seul... après, tantôt... plus tard, nous causerons... je vous dirai tout ce que vous voudrez. — En ce moment on frappa à la porte.

— Entrez, dit Olivier. — La porte s'ouvrit. — Urbain entra. — Le père d'Olivier sortit. — Les deux rivaux restèrent seuls.

— Et Marie? s'écria Olivier, en essayant de se soulever sur son lit.

— Et toi? répondit Urbain.

— Ne me parle pas de moi, — répliqua Olivier, — parle-moi de Marie. — Lui as-tu remis ma lettre seulement? — Tiens, ajouta-t-il en montrant la fiole de sirop, — je ne mentais pas, va... j'ai bu... Puis il répéta encore... Mais il n'y en avait pas assez. — Qu'a-t-elle dit, Marie?

— Marie n'a point reçu ta lettre; — mais au moment où tu lui écrivais elle *nous* écrivait aussi; — au moment où tu voulais mourir, — comme toi — elle tentait le suicide... et comme toi — elle n'est point morte, ajouta Urbain avec vivacité.

— Oh! dit Olivier dans un mouvement de joie égoïste, — Marie a voulu mourir — parce qu'elle me croyait mort... elle n'avait pas cessé de m'aimer alors... et tu as menti. — O Marie! ma pauvre Marie! Je lui pardonne... je l'embrasserai encore... je la reverrai... je l'entendrai. As-tu remarqué, Urbain, as-tu remarqué avec quelle douceur elle dit certains mots... *mon ami,* par exemple... et *vois-tu?*... C'est bien peu de chose, ces deux mots-là... pourtant, *mon ami, vois-tu!*... O douce musique de la voix aimée!... O Marie! ma pauvre Marie!...

— Je t'ai dit, reprit tranquillement Urbain, que Marie n'avait point reçu ta lettre.

— Mais pourquoi ne la lui as-tu pas remise, toi?...

— Parce que je n'ai point revu Marie depuis le

moment où je t'ai quitté, avant-hier soir, place Saint-Sulpice.

— Comment cela? demanda Olivier. — Elle n'est donc point rentrée chez toi?

— Elle y est rentrée, dit Urbain. — J'avais loué sur le même carré où était mon atelier une chambre toute meublée, — c'est là qu'elle habitait.

— Seule? dit Olivier.

— C'est là qu'elle habitait, continua Urbain. — C'est là qu'on est venu l'arrêter au moment où elle rentrait après nous avoir quittés tous les deux sur la place Saint-Sulpice, Je te disais bien, Olivier, qu'il était dangereux pour elle de sortir... Malgré la précaution que j'avais eue de la vêtir en homme, elle a été reconnue sans doute par les gens qui l'épiaient.

Enfin, quand je suis rentré, j'ai trouvé la chambre vide — et sur la table cette lettre qu'on lui avait permis d'écrire avant de l'emmener. — La voici.
— Et Urbain tendit à Olivier la lettre de Marie. — Elle était écrite sur du papier et avec du crayon à dessin.

« Monsieur Urbain, je vous remercie de vos bontés

pour moi ; votre hospitalité a prolongé ma liberté de quelques jours, Au moment où je vous écris, on vient m'arrêter sur un mandat du juge d'instruction. — Je ne sais pas de quoi l'on peut m'accuser, je vous assure. — J'ignorais les affaires de mon mari. — Mais, quoi qu'il arrive, j'ai pris mes précautions pour ne point paraître devant la justice... — Dans la crainte d'être arrêtée un jour ou l'autre, j'avais sur moi un petit flacon plein de cette eau bleue qui vous servait pour graver... »

— De l'acide sulfurique, dit Urbain. — Heureusement il était éventé.

Olivier continua à lire la lettre de Marie : « Je boirai cette eau, qui est du poison, et ça sera fini. — Je n'ai pas eu le temps de vous aimer, Urbain, parce que je n'avais pas eu le temps d'oublier Olivier. » — En cet endroit de la lettre, il y avait quelques mots raturés avec de l'encre et non point du crayon, comme l'écriture de la lettre. Cette suppression avait été faite par Urbain ; — mais Olivier n'en déchiffra pas moins l'alinéa supprimé. Il continua : — « que j'ai aimé pendant si longtemps. — Vous lui donnerez mes cheveux, que j'ai coupés le jour où vous m'aviez fait déguiser en homme. — MARIE. »

—Urbain, resta confondu en voyant son ami lire presque couramment ce passage, malgré la rature qui le recouvrait.

— Pourquoi as-tu rayé cela ? demanda Olivier.

— Je voulais garder les cheveux de Marie, répondit Urbain ; — je te les donnerai.

— Écoute, dit Olivier, si tu veux me donner cette lettre, — nous partagerons les cheveux.

— Oui, répondit Urbain. — Écoute le reste... le lendemain du jour où Marie a été arrêtée, j'ai couru au palais de justice, — où je connais quelqu'un ; — c'est là que j'ai appris que Marie avait en effet tenté de se suicider. — Mais, comme je te l'ai dit, l'acide qu'elle avait employé était éventé : elle ne mourra pas... Maintenant je vais te dire adieu ; après ce qui est arrivé, il est probable que nous ne pouvons plus avoir de relations. J'ai aimé Marie malgré moi, — et pour une maîtresse de huit jours, — je perds un ami de longue date; j'ai du malheur.

— Pourquoi ne plus nous revoir ? — dit Olivier

avec un sourire mélancolique; et, tendant la main à Urbain, il ajouta : Il faut bien que je te revoie... à qui donc veux-tu que je parle d'ELLE?

Comme Urbain sortait de chez Olivier, le père de celui-ci y rentrait. Resté sur le carré, l'oreille collée à la porte, il avait entendu tout l'entretien des deux jeunes gens. Il se doutait bien que la tentative de suicide faite par son fils avait sa source dans quelque amourette contrariée. Mais en apprenant que sa maîtresse était en état d'arrestation, il craignit que les relations d'Olivier avec cette femme n'eussent des suites compromettantes. Sans aucun préambule conciliateur, il aborda la discussion avec une violente colère, que le calme d'Olivier ne fit qu'irriter. Il fut impitoyable pour son fils, et plus impitoyable encore pour la maîtresse de celui-ci; qu'il traita de femme perdue.

Trahi par cette femme, pour laquelle il avait frappé aux portes de la mort, Olivier ne put l'entendre injurier par son père; — celui-ci avait été sans pitié, Olivier fut sans respect. — Cette scène horrible se prolongea deux heures. Elle se termina par cette épouvantable accusation que le fils en délire jeta au visage du père en courroux :

— Vous avez été le bourreau de ma mère, morte lentement sous vos colères.

— Malheureux! s'écria son père, — en levant sa main, — qu'il laissa aussitôt retomber.

— Si je suis sacrilége, que Dieu vous venge! répondit Olivier.

— Retire les affreuses paroles que tu viens de dire, reprit son père.

— Retirez les injures que vous avez jetées à Marie, à une femme malheureuse, mourante peut-être en ce moment.

— Cette femme est une misérable,—elle te perdra.

— Ma mère est morte de chagrin, dit Olivier — avec un regard sinistre. Encore une fois, — si j'ai menti, qu'elle me maudisse, — et si je dis vrai qu'elle vous pardonne!

Le père était blanc de fureur; et comme il venait d'apercevoir sur la cheminée, parmi les souvenirs que Marie avait donnés à Olivier, — un portrait d'elle au daguerréotype, — il le prit et s'écria :

— La voilà donc la créature pour qui tu m'insultes, — malheureux !

Et jetant le portrait à terre, il l'écrasa sous son pied.

—Mon père, dit Olivier en se dressant sur son lit et en étendant sa main vers la porte, — pas un mot de plus... sortez.

— Pourquoi n'est-ce pas elle que j'ai là sous mon pied? continuait le père en écrasant les morceaux déjà brisés du portrait.

Il n'avait pas achevé, que son fils était debout devant lui, terrible, l'œil hagard, la voix étranglée.

— Mon père, murmura-t-il en paroles hachées par le claquement de ses dents... vous voyez bien cette arme... et il montrait un petit pistolet, dit *coup de poing*, qu'il venait de décrocher du mur, — vous voyez cette arme... je n'ai pas osé m'en servir hier quand je voulais mourir... j'ai préféré le poison, qui ne fait pas de bruit...

— Après? lui dit son père froidement, en portant la main sur les autres souvenirs de Marie.

— Après ? continua Olivier... qui armait son pistolet...

Si vous dites un mot de plus sur Marie... si vous touchez à ces choses qui lui ont appartenu,—eh bien, mon père, je me brûle la cervelle devant vous.... et ceux qui vous connaissent diront ceci :—Il avait mis vingt ans à tuer la mère... mais il a tué le fils d'un seul coup.

Son père le regarda un moment... et saisissant rapidement parmi les souvenirs — un petit bouquet de fleurs fanées, il le jeta à terre...

Comme il mettait le pied dessus,—Olivier porta le pistolet à son front et lâcha la détente.

On entendit le bruit sec causé par la chute du chien sur la cheminée.

— Oh! malheur! s'écria Olivier—en retombant sur son lit la tête entre ses mains... la mort ne veut pas de moi!

Dans une visite domiciliaire faite dans la chambre huit jours auparavant, le pistolet avait été trouvé par son père, qui l'avait déchargé.

Olivier était resté seul. Cinq minutes après sa sortie,

son père lui envoyait la servante avec une lettre et un petit rouleau d'argent.

La lettre contenait seulement ces mots. « Voilà cent francs. — sois parti demain. »

— Dites à mon père que je serai parti ce soir, répondit Olivier, et allez me chercher une voiture.

Il jeta — au hasard — dans une malle ses habits, son linge, tous ses papiers; il ramassa tous les souvenirs de Marie, éparpillés par l'ouragan de la colère paternelle, les enveloppa soigneusement, et ayant fait monter le cocher, il lui fit transporter sa malle dans la voiture.

En descendant l'escalier bien lentement, car il était faible et brisé par toutes ces émotions, il rencontra son père.

Ils s'arrêtèrent en face l'un de l'autre, et échangèrent cet adieu plein de vœux qui durent épouvanter le Ciel :

— Va-t'en, dit le père... Je t'abandonne et te laisse à la honte, à la misère.

— Je sors encore vivant de cette maison, d'où ma

mère est sortie morte. Adieu, mon père, dit Olivier, je vous laisse à vos remords.

Olivier monta dans la voiture et se fit conduire chez Urbain. Il était onze heures du soir. Le peintre était seul dans son atelier.

Qu'y a-t-il donc? s'écria-t-il en voyant Olivier, suivi du cocher qui portait sa malle.

— Il y a, répondit Olivier quand ils furent seuls, que mon père m'a chassé, — et pour la seconde fois je viens te demander l'hospitalité.

Urbain n'avait plus cette chambre du voisinage qu'autrefois il avait prêtée à Olivier pour cacher Marie. — Le lendemain du jour où la maîtresse du poëte était devenue la sienne, il avait quitté son second logement et vendu les meubles pour faire vivre Marie.

— Mais, à propos, demanda Olivier, où couches-tu donc? je ne vois pas de lit.

— Je suis pauvre, répondit Urbain : — et montrant derrière une grande toile qui séparait l'atelier en deux, — une paillasse jetée à terre, et recouverte d'un lambeau de laine, il ajouta : — Je couche là-dessus et j'y dors.

— J'ai des meubles chez moi. — Si tu veux que je demeure avec toi, — je les ferai transporter ici, dit Olivier. — Et si mon père me les refuse, nous achèterons un lit, au moins. — J'ai cent francs.

— Pourquoi faire acheter un lit? pour le revendre dans huit jours la moitié de ce qu'il nous aura coûté? O mon ami ! ne sois pas si fier pour une pile d'écus que tu as dans ta poche... Cent francs... c'est bien joli, mais ce n'est pas éternel, et ton pauvre magot sera bien vite fondu, quoiqu'il ne fasse pas chaud ici, ajouta Urbain. — Au reste, ton argent est à toi ; — et si tu es si délicat qu'un grabat de paille t'effraye, — il y a la chambre d'en face, la chambre garnie où logeait Marie... Le lit est doux ; — mais moi je n'aime pas les douceurs, et c'est seulement à cause de Marie que j'avais loué cette chambre... Tu peux la prendre si tu la veux ; j'ai encore la clef. Demain, tu t'arrangeras avec le propriétaire, qui la loue.

— Je la prendrai, dit Olivier; viens m'y conduire.

Urbain le mena dans une petite chambre assez

propre, et qui n'avait pas été rangée. — Tout y était dans le même état où Marie l'avait laissé.

—Bonsoir, dit Urbain, en laissant Olivier seul. — Les regards du jeune homme tombèrent d'abord sur le lit, où se trouvaient deux oreillers. Sur l'un d'eux se détachait un petit bonnet de femme, oublié sans doute par Marie.

Sur l'autre, une sorte de calotte, de forme dite *grecque*, qu'Olivier avait vue plusieurs fois sur la tête d'Urbain. Cette vue porta un coup terrible au cœur d'Olivier : son dernier doute venait de s'évanouir.

Il ferma précipitamment les rideaux pour ne plus voir.

IV

Autant Olivier avait d'abord souhaité être dans cette chambre où Marie avait habité, autant il souhaita en être dehors lorsqu'au premier regard qu'il y jeta, ce lieu vint lui rappeler la trahison de sa maîtresse.

Mais où aller à une heure du matin — par cette froide nuit d'hiver? D'ailleurs Olivier était dans un état horrible. — La terrible journée qu'il avait passée, succédant à la lutte terrible qu'il avait soutenue contre le poison, avait anéanti toutes ses forces. Chauffé à outrance par la fièvre ardente à laquelle il était en proie depuis deux jours, son sang était presque en ébullition et grondait dans ses veines, tellement gonflées, que celles du front s'accusaient en relief comme des coutures bleuâtres. Au fond de sa poitrine, et flottant dans un océan de larmes, son cœur assassiné par la souffrance se débattait en criant au secours.

Espérant qu'à défaut de l'oubli il trouverait peut-être, pour une heure ou deux, l'inertie du sommeil, qui est encore l'oubli, il se jeta sur une chaise après avoir éteint la lumière. Mais le sommeil ne vint pas. Les ténèbres appelées par Olivier se mirent à flamboyer; il eut beau mettre ses mains sur ses yeux,—et sur ses yeux abattre ses paupières,— il voyait comme en plein jour. — Les rideaux du lit qu'il venait de fermer s'entr'ouvrirent d'eux-mêmes; et sur les deux oreillers il aperçut deux têtes, toutes deux jeunes, belles, souriantes,—toutes deux les regards humides, éblouis, perdus, et les lèvres unies par un incessant baiser;—c'étaient les deux têtes d'Urbain et de Marie.

Olivier se traîna en rampant vers la cheminée et ralluma la chandelle. La clarté chassa les fantômes. — Olivier se rassit sur la chaise; mais, ô terreur! — voici que derrière les rideaux de ce lit, qui étaient pourtant bien fermés, Olivier entendit deux voix qui parlaient, deux voix jeunes, tremblantes, enivrées, murmurant le dialogue éternel que l'humanité répète depuis sa création, et dont le moindre mot est une mélodie, même dans les langues les plus barbares. Les échos de la chambre redisaient l'un après l'autre ces étranges paroles, qui sont les clefs du ciel. — Ces deux jeunes voix jumelles étaient la voix de Marie et la voix d'Urbain.

Il y a, je crois, un dicton proverbial qui compare le mal d'amour au mal de dents. La comparaison est peut-être vulgaire, mais elle est vraie, du moins par beaucoup de côtés. Cette souffrance aiguë, que les bonnes gens appellent *des peines de cœur*,—agit sur la partie morale de l'être avec une violence insupportable, comme l'affection à laquelle on la compare agit sur la partie physique. L'un et l'autre de ces maux, si différents et pourtant si semblables, vous plongent dans les braises d'un enfer où l'on se rougit les lèvres à lancer des blasphèmes qui forment le répertoire des damnés. On se roule par terre avec des torsions d'enragé, on s'ouvre le front aux angles des murs, — et si l'une et l'autre de ces douleurs n'avaient point leurs intermittences et se prolongeaient trop longtemps, — elles achemineraient à la folie.

Ce qui justifie en outre la comparaison établie entre ces deux affections, — de nature si opposée, — c'est l'indifférent intérêt, les consolations banales que rencontrent et recueillent ceux-là qui les éprouvent. On s'inquiétera beaucoup autour d'un homme qui aura une fluxion de poitrine, ou qui aura eu le malheur de perdre son père ou sa mère; — mais s'il a perdu sa maîtresse, ou s'il a mal aux dents, on haussera les épaules en disant : « Bon, ce n'est que cela, — on n'en meurt pas ! » Où la comparaison cesse d'être possible, — c'est à l'application du remède. — Le mal de dents mène chez le dentiste, — qui vous arrache quelquefois la douleur avec la dent. — Mais le mal d'amour? — On n'a pas encore inventé de chirurgie morale pour arracher la douleur; et c'est tant pis. Ce serait une industrie très-productive, car celui qui la pratiquerait aurait toute l'humanité pour clientèle.

— Ce qu'on a trouvé de mieux jusqu'à présent pour guérir des peines d'amour — et bien longtemps avant l'homœopathie, — c'est l'amour lui-même. — Il y a bien encore la poésie. — Mais alors le remède est pire que le mal, car c'est le mal lui-même devenu chronique, — passé dans le sang, — passé dans l'âme; — on meurt avec.

Comme il s'était bouché les yeux pour ne point voir, — Olivier se boucha les oreilles pour ne point entendre. — Mais le son des voix lui arrivait toujours, comme si elles eussent parlé en lui-même. Il se roula sur le carreau froid, en se mordant les poings, et il entendait toujours ces mêmes mots, dont les syllabes lui perçaient le cœur comme les dards d'une couvée de serpents. — Il se heurta le front au mur... et il entendit encore. — Alors il se précipita vers la fenêtre de la chambre, — l'ouvrit, et se jeta la tête dans la neige épaissie qui couvrait le rebord. — Sous le poids de son front — la neige fondit et fuma, ainsi que l'eau dans laquelle on plonge un fer rouge.

C'était là de quoi mourir. — Pourtant ce bain glacial eut pour un moment un résultat salutaire. Il détermina une réaction dans la crise désespérée qu'Olivier venait de subir. L'hallucination cessa subitement, — les fantômes s'envolèrent, les bruits de voix s'éteignirent. — Il était seul, dans l'isolement de la nuit, — accoudé au bord de la fenêtre, — et regardant autour de lui la ville silencieuse endormie sous la neige, qui tombait toujours lente et molle comme le duvet des colombes. Aucun bruit ne troublait le calme de cette nuit polaire, — ni le pas assourdi d'un passant attardé, ni l'aboi vague et lointain d'un chien errant, indéfiniment répété par de lamentables échos; le vol des bises, paralysé par le froid, ne tourmentait pas les girouettes des toits voisins, recouverts d'une fourrure d'hermine, et aucune lumière ne brillait aux fenêtres des maisons. Après avoir contemplé quelques instants ce repos de toutes choses, qui avait autant l'aspect de la mort que celui du sommeil, — Olivier referma sa croisée, — aux carreaux de laquelle le givre avait buriné les étranges caprices d'une mosaïque irisée.

— Tout dort, murmura-t-il avec l'accent de regret et d'envie dont Macbeth s'écrie : « J'ai perdu le sommeil, le doux baume ! » Puis, l'esprit traversé soudainement par une idée singulière, — il sortit de sa chambre sans faire de bruit, et, se collant l'oreille à la porte de l'atelier d'Urbain, — il écouta attentivement. — Il ne put rien entendre d'abord; — mais peu à peu — il distingua une respiration lente et régulière. — Urbain dormait sur sa paille.

— Il dort, — dit Olivier avec un sourire ironique. O Marie, il dort, et il dit qu'il t'a aimée !

Olivier rentra dans sa chambre : — il se sentait si fatigué, — il avait la tête si lourde, les yeux si brûlants, qu'il espéra de nouveau pouvoir, lui aussi, dormir un instant. — Après avoir encore une fois éteint la chandelle, — il entr'ouvrit les rideaux du lit, et se jeta dessus tout habillé. — Mais sa tête n'était point depuis deux minutes sur l'oreiller, — qu'un vague parfum vint l'étourdir, — et il sentit son cœur, un moment immobilisé, qui se remettait à trembler

— Ce parfum était celui que Marie employait ordinairement pour ses cheveux, — un vague arome était resté sur cet oreiller où elle avait dormi, et sur lequel Olivier venait de poser sa tête.

V

— Je ne puis rester ici, s'écria Olivier; et se jetant hors du lit, il s'enveloppa dans un manteau, descendit l'escalier d'un seul trait, et se trouva dans la rue.
— Sans savoir où il allait, il marcha au hasard devant lui. Il s'asseyait sur les bornes, — comptait les becs de gaz, — et pétrissait des boules de neige qu'il lançait contre les murs. Après ces grandes crises, les distractions les plus puériles suffisent quelquefois pour détourner l'esprit de la pensée qui alimente la douleur, et pour amener, au moins momentanément, une trêve durant laquelle l'être tout entier se plonge pour ainsi dire dans un bain d'insensibilité. — Ce n'est point l'absence de la douleur, — c'en est le sommeil, — mais un sommeil furtif qui s'enfuit dès

que le moindre accident effleure l'esprit engourdi et le remet en face de la pensée qui fait son tourment. — Alors tout est fini. — L'esprit réveillé s'en va réveiller le cœur, — et la souffrance renaît plus active et plus aiguë.

Olivier était donc dans cet état de quasi-idiotisme qui suit les prostrations. — Il était parvenu à s'isoler de lui-même, et au bout d'une heure sa course sans but l'avait conduit à la halle : trois heures du matin sonnaient à l'église Saint-Eustache.

Comme il était arrêté sur la place des Innocents, examinant l'aspect fantastique de la fontaine de Jean Goujon, — que la neige amoncelée avait revêtue d'une housse blanche, — Olivier fut distrait de son attention par un grand bruit de voix qui s'élevait auprès de lui ; — il détourna la tête, et voyant à deux pas un groupe d'où s'élevaient des cris et des rires, il s'en approcha : — un incident bien vulgaire était la cause de toutes ces rumeurs, c'était un grand chien de chasse, à robe noire et aux pattes blanches, qui venait d'engager un duel terrible avec un énorme matou — appartenant à une marchande dont l'étalage était voisin. — L'objet de la querelle était un morceau de viande avariée. — Aux miaulements de son chat, la marchande était arrivée, — tombant à coups de balai sur le chien, qui ne voulait pas lâcher prise.

— Gredin, filou, assassin, tu seras donc toujours le même, criait la marchande, en faisant pleuvoir une grêle de coups sur le chien, qui ne s'émouvait non plus que si on l'eût caressé avec des marabouts.

— Qu'est-ce qu'il y a là-bas? dit une voix — en dehors du groupe qui faisait galerie.

A cette voix Olivier, — qui examinait le chien, comme s'il eût cherché à le reconnaître, leva les yeux pour voir qui avait parlé.

— C'est encore votre bête féroce de chien qui veut meurtrir mon pauvre mouton, dit la marchande.

— Allons, — ici, Diane, dit le jeune homme; ici tout de suite, — A l'appel de son maître, le chien lâcha prise et reçut un dernier coup de balai de la marchande, qui l'appela Lacenaire!

— Je ne me trompe pas, murmura Olivier à lui-même, en regardant plus attentivement le maître du chien, — c'est Lazare, — et s'approchant du jeune homme au moment où il allait se retirer, il lui frappa sur l'épaule.

— Olivier! dit Lazare en se retournant et en rougissant beaucoup; vous ici, la nuit, par cet horrible temps, — continua-t-il avec un accent embarrassé; — quel singulier hasard!... Est-ce qu'il y a longtemps... que vous m'avez vu... ici, acheva-t-il avec une certaine inquiétude.

— A l'instant même, — répondit Olivier. Mais, vous-même, comment se fait-il que je vous rencontre ici?

— Oh! moi, répondit Lazare, — qui paraissait plus rassuré... c'est par curiosité. Vous savez mon tableau de Samson, dont je vous ai parlé, — je l'achève pour le prochain salon, et parmi les gens qui travaillent ici le matin, — les *forts*, j'ai pensé que je trouverais peut-être mon type. — Mais vous, reprit Lazare, — vous qui êtes si délicat, — qu'est-ce que vous faites ici? Ne seriez-vous pas en aventure galante?... et comme Olivier, en mettant la main dans sa poche, venait de faire sonner une pile d'écus, Lazare ajouta en riant:

— Diable... vous avez de la pluie — pour les Danaés... Mais, dit-il, je vous croyais en ménage... à ce que nous avait conté Urbain...

Comme Lazare disait ces mots, — une marchande de marée, qui préparait son étalage, regardait Olivier avec admiration.

— Regarde donc s'écria-t-elle en parlant à une commère, sa voisine, à qui elle désignait Olivier du doigt, — regarde donc ce joli chérubin, Marie...

— Ah! quel amour!... répondit sa voisine en élevant sa lanterne...

Dans tout ce dialogue dont il était l'objet, Olivier ne distingua qu'un mot : — Marie! et ce nom seul, arrivant juste au même instant où Lazare lui parlait de sa maîtresse, le rendit au sentiment de la réalité.

— Eh bien, dit Lazare... en le voyant tressaillir, — qu'est-ce qui vous prend?

— Il est gelé, le pauvre enfant, fit la marchande de poisson... — Eh! la Barbiche, ajouta-t-elle, en faisant signe à Lazare, qu'elle voulait désigner... amène-le un peu ici, — ton ami... Sa mère est donc folle, à ce pauvre cœur, de le laisser courir comme ça la nuit, — ça fait pitié, quoi... Amène-le, Barbiche... Marie... va lui donner un peu de bouillon, ça le réchauffera. — Pauvre petit, va ! il a une figure de cire... Eh ! Marie, fais chauffer un bol.

— Oh !... murmurait Olivier, Marie... elle est donc ici, — Lazare, mon ami... je vous en prie... laissez-moi la chercher... on vient de l'appeler..., je la trouverai bien... Laissez-moi...

— Bon, murmura Lazare... en lui-même et dans son langage pittoresque, je comprends, j'ai fait un beaucoup, *j'aurai marché sur ses cors*.

—Eh bien, viens-tu donc? — s'écria la marchande, — qui tenait à la main une tasse de bouillon tout fumant.

— Merci, la mère, dit Lazare, en emmenant Olivier, c'est autre chose qu'il lui faut.

— C'est de bon cœur, tout de même, fit la brave femme... il a tort s'il fait le fier... pas vrai, Marie !

— Eh ! oui donc, répondit la voisine — et du bouillon que le roi n'en a pas de meilleur, encore !

Cinq minutes après, Olivier était assis en face de Lazare, dans le cabinet d'un petit cabaret. Entre eux, sur la table, se trouvait une bouteille à demi pleine d'eau-de-vie.

— Voyons, dit Lazare, contez-moi un peu vos chagrins.

Dire à un amoureux de raconter ses amours, c'est inviter un auteur tragique à vous lire sa tragédie.

— Olivier raconta toute son histoire à Lazare... Lorsqu'il arriva à la trahison d'Urbain, Lazare frappa sur la table et fit une grimace de dégoût. — Toujours le même ! murmura-t-il. — A la fin de l'histoire... la bouteille d'eau-de-vie était vide, Olivier était ivre — et récitait des lambeaux de vers qu'il avait jadis faits pour Marie.

— En ce moment trois ou quatre *déchargeurs* entrèrent dans le cabinet et échangèrent des poignées de mains avec Lazare.

— Tiens ! Barbiche, dit l'un d'eux, — voilà ta paye que tu m'as dit de prendre pour toi, et tirant une grande bourse de cuir, il en sortit quatre pièces de cent sous qu'il remit à Lazare...

Lazare, robuste gaillard, taillé en hercule, — s'était fait déchargeur à la halle au beurre, afin de gagner quelque argent pour procurer aux membres d'une société d'artistes dont il faisait partie — la société *des Buveurs d'eau.* — (Voir les *Scènes de la Bohème*) — les moyens de travailler pour la prochaine exposition. — Seulement, comme il n'avait pas de médaille, il travaillait en remplaçant, — quand un des forts du marché était malade. On l'appelait Barbiche, à cause d'un bouquet de poils roux qui lui cachait le menton. Olivier l'avait rencontré plusieurs fois à l'atelier de son ami Urbain, qu'on n'avait pas voulu admettre dans la société dont Lazare était le président.

A six heures du matin Lazare fit monter Olivier dans un fiacre et le reconduisit à l'adresse d'Urbain, que le poëte avait su lui indiquer au milieu de son ivresse.

En rentrant dans la chambre où Lazare l'avait accompagné, car il n'était pas en état de se soutenir lui-même, Olivier, abruti par l'ivresse, tomba sur le lit comme une masse inerte, et cette fois s'endormit profondément.

— Hélas! murmurait Lazare en fermant les rideaux, — moi aussi j'ai eu ma Marie, et mon cœur, si pétrifié qu'il soit, gardé encore la trace des clous qui l'ont crucifié... Ah bah! ajouta-t-il en faisant claquer ses doigts, — tout ça, c'est l'histoire ancienne d'un beau temps tombé dans le puits. — Et après cette oraison funèbre et philosophique de sa jeunesse, Lazare sortit de la chambre. — Trouvant la clef sur la porte de l'atelier d'Urbain, il y entra.

— Qu'est-ce qui t'amène si matin, dit le peintre à moitié endormi en voyant Lazare? Est-ce qu'il y a quelque chose de nouveau?

— Non, — répondit Lazare brutalement, les mauvais temps ne sont pas devenus meilleurs, ni toi non plus. Et, sans laisser à Urbain le temps de l'interrompre, — il ajouta : — Je connais ton histoire avec Olivier et Marie, — ça ne m'étonne pas de ta part, tu as une triste et incorrigible nature.

— Qui est-ce qui t'a dit?... fit Urbain.

— C'est Olivier, — ou plutôt c'est son ivresse, répondit Lazare, — et il raconta à Urbain sa rencontre nocturne avec le poëte.

Comme Urbain cherchait à s'excuser à propos de

l'aventure avec Marie, Lazare lui ferma la bouche par cette rude sortie :

— Mon cher, lui dit-il, je ne suis pas un puritain. Je ne mourrai pas d'une indigestion de vertu, — mais il y a des choses qui me soulèvent le cœur. — Bien que j'y sois personnellement étranger, il y a des actes qui m'indignent jusqu'à la colère, et me donnent des envies de me laver les mains si elles ont touché la main de ceux qui les ont commis. — Ton cas est du nombre.

— Mais au moins, interrompit Urbain, — laisse-moi me justifier; — tu ne sais pas comment les choses se sont passées.

— Si tu avais pour toi l'excuse d'une passion sincère, — j'aurais pu, jusqu'à un certain point, comprendre que dans un moment d'oubli, d'exaltation, — tu aies pu tenter d'enlever Marie à Olivier; — mais la lui prendre chez toi, en abusant de l'hospitalité que tu lui avais offerte, pour satisfaire une méchante fantaisie, — c'est là un acte qui ne peut pas se justifier. — Ça s'appelle lâcheté dans toutes les langues d'honnêtes gens. Si tu m'avais joué un tour semblable, je t'aurais simplement cassé les reins avec la première chose venue : voilà mon opinion. Maintenant, ça ne m'étonne pas qu'Olivier ait passé là-dessus aussi tranquillement : — c'est une de ces natures faibles et pacifiques qui n'ont ni haine, ni colère, ni aucun des sentiments virils de résistance à l'oppression, — des élégies et non des hommes. — Je l'ai trouvé cette nuit sur le carreau de la halle, pleurant comme une fontaine, — c'était pitoyable. — J'ai cautérisé son désespoir avec l'ivresse. Il dort maintenant, — mais quand il va se réveiller, ça sera pis. Je suis venu pour te prévenir et te dire de le surveiller ; — j'ai peur qu'il ne fasse un mauvais coup.

— Il a déjà essayé, — mais il s'est manqué, dit Urbain,

— J'ignorais cela, reprit Lazare... il s'est manqué, — tant pis. — Si la mort n'en a pas voulu, c'est que le malheur a des vues sur lui. — Il est mûr de bonne heure.

— Marie aussi a tenté le suicide, — fit Urbain, que le dur langage de Lazare pénétrait malgré lui, — mais elle s'est manquée aussi.

— Qu'est-ce que tu aurais fait entre ces deux tombes-là ? dit Lazare en regardant Urbain en face.

— Qui sait? répondit celui-ci ; — j'aurais creusé la mienne, peut-être.

— Ceci est un mot de mélodrame, fit Lazare avec ironie. — Ta mauvaise nature n'a pas même la franchise, qui est la vertu de certains vices. — Ce n'est pas toi qu'un remords empêcherait de digérer la vie. — Allons donc! — Entre ces deux tombes de deux êtres morts pour toi, tu aurais roulé ton lit chaud de nouvelles amours. A la bonne heure, — dis-moi cela, — et je te croirai. — Maintenant, bonjour, je n'ai plus rien à te dire. — Et Lazare sortit sans tendre sa main à celle que lui offrait Urbain.

— Ah bah! fit celui-ci, quand il se trouva seul, — il est toujours le même, celui-là. Et il se rendormit tranquillement — pour ne se lever qu'à deux heures de l'après-midi.

Olivier dormit toute la journée et s'éveilla seulement le soir. D'abord il ne put se rendre un compte bien exact de ce qui était arrivé. Peu à peu cependant les souvenirs lui revinrent ; il se rappela son horrible nuit d'angoisses, sa rencontre avec Lazare, et le moyen employé par celui-ci pour le faire *oublier ;* — Olivier se leva, — la tête encore lourde, et alla trouver Urbain, qui s'apprêtait à venir chez lui.

— Où vas-tu? lui demanda-t-il.

— Il est six heures — c'est l'*angelus* de l'appétit; — je vais dîner, répondit le peintre.

— Où cela?

— Par là, — à droite ou à gauche; je te le dirai en revenant. — A propos, tu as vu Lazare?

— Oui, en effet, répondit Olivier, je l'ai rencontré à la halle — cette nuit.

— Qu'est-ce que tu allais faire à la halle cette nuit?

— Je ne sais pas. — J'étais sorti parce que je me trouvais malade... Je ne pouvais pas dormir dans cette chambre... Tu comprends... malgré moi. — Je pensais...

— Oui, je comprends en effet, dit Urbain. — C'est pourquoi je te répéterai encore qu'il faut cesser de nous voir, pour ton repos, pour le mien. — Nous avons à oublier l'un et l'autre, et ce n'est point en demeurant ensemble que nous pourrions y parvenir. Séparons-nous. Va-t'en !

— Mais où veux-tu que j'aille? répondit Olivier avec une vivacité croissante.

— C'est dans cette chambre que Marie a vécu avec moi pendant une semaine. — En y restant, — tu te rappelleras toujours que Marie a été ma maîtresse, continua Urbain.

— Je le sais bien, — s'écria Olivier, — mais n'importe, je veux rester dans cette chambre, toute peuplée de souvenirs. — Je la préfère à une autre dont les murs seraient muets et ne me comprendraient pas, quand je parlerai *d'elle*. — Si cette chambre t'ennuie, tu n'y viendras pas, toi, — ce ne sera pas difficile de n'y pas venir... Oh! l'isolement! — la solitude... Mais je deviendrais fou, — et la folie, c'est l'oubli.

— Elle a été ta maîtresse, c'est vrai... Mais quand cela est arrivé, elle avait perdu la tête. Son cœur dormait quand elle m'a trompé; — tu sais bien ce qu'elle écrivait : « Je n'ai pas eu le temps de vous aimer, — parce que je n'avais pas eu le temps d'oublier Olivier; » et puis elle a voulu mourir pour moi... —

Qu'est-ce que cela me fait ; une infidélité ? elle a été ta maîtresse huit jours, — mais auparavant, pendant les dix-huit mois que je l'ai aimée, — elle était bien la femme de son mari. — Ah! vois-tu, la jalousie — ne sert à rien, — quand elle ne tue pas l'amour ; — et le plus souvent c'est une blessure qui le rend éternel.
— Ah! ma pauvre Marie... Non, Urbain, je ne m'en irai pas, — je resterai dans cette chambre.

Malgré l'égoïsme dont il était cuirassé, Urbain fut ému un moment par l'explosion de cette passion exaltée. — Mais, dit-il, en pressant dans ses mains celles d'Olivier, — c'est absurde de rester ici, encore une fois, songes-y, c'est perpétuer ton chagrin.

— Mais je ne veux pas oublier, — encore une fois! s'écria Olivier. Comprends donc cela, je veux me souvenir, et longtemps, et toujours.

— Alors, si tu te décides à rester ici, c'est moi qui m'en irai, reprit Urbain.

— Je te gêne donc, pourquoi veux-tu t'en aller?

— Parce que je ne veux pas rester avec toi. — Cette malheureuse affaire — va fournir des cancans sur mon compte pendant six mois. Lazare et ses amis ne m'aiment guère. — Je les crois jaloux de moi, parce que j'ai eu plus de chance qu'eux. Lazare m'a déjà fait une scène terrible ce matin. — Si tu restais avec moi, comme ils savent que tu as un peu d'argent, ils diront et feront redire que je t'exploite après t'avoir trompé. — Je ne veux pas. J'en ai assez de ces amitiés-là. D'ailleurs, malgré toi, tu finirais par penser comme eux.

— Je leur dirai qu'ils se trompent, — reprit Olivier, qui tremblait à la seule idée de voir Urbain le laisser seul; — ne t'en va pas. — Qu'est-ce que cela te fait de rester? Je ne t'en veux pas, moi, ajouta-t-il en prenant les mains d'Urbain. Reste, nous parlerons de Marie, — je te dirai les choses qu'elle me disait. — Je n'ai pas pu tout te dire encore... car elle m'aimait bien, va. — Toi aussi, tu me raconteras ce qu'elle te disait, et tu verras que ce n'étaient plus les mêmes choses qu'à moi. — Ah! je serais trop malheureux tout seul. Je n'avais au monde qu'elle et toi.

— C'est bien, — dit Urbain. — Puisque tu le veux, je resterai.

— Ah! merci! fit Olivier. — Et il força le peintre à venir dîner avec lui.

VI

Ils allèrent dans un restaurant du quartier latin, où ils firent un robuste repas largement arrosé. Olivier, qui n'avait presque rien pris depuis trois jours, — mangea non pas comme un amant désolé, — mais comme un portefaix mis à la diète. — Quant à Urbain, qui, dans l'état normal, avait toujours l'appétit d'un moine à la fin du carême, — il mangea de façon à se faire faire des compliments par Gargantua. — Seulement lorsqu'on apporta la carte, qui montait à une quinzaine de francs, il poussa un cri terrible, — et recommença plusieurs fois l'addition, ne pouvant jamais croire qu'il fût possible d'atteindre ce chiffre fabuleux — pour un seul repas.

Les deux amis quittèrent la table dans la position de gens qui se sont attardés avec les bouteilles.

En mettant le pied dans la rue, bien qu'il fût soigneusement enveloppé dans son manteau, Olivier se plaignit du froid; Urbain le sentait en effet frissonner sous son bras, et de temps en temps il entendait claquer ses dents :

— Es-tu malade? demanda le peintre; il faudrait rentrer et te coucher.

— Non, non, dit Olivier... pas encore... Je voudrais que tu vinsses avec moi.

— Où cela? fit Urbain.

— C'est un peu loin, — dit Olivier, mais il fait beau temps, cela nous promènera.

— Allons où tu voudras. — Et il se laissa guider par le poëte, qui le mena jusqu'à la barrière de l'Étoile.

— Mais, demanda Urbain étonné, quand ils furent au bout des Champs-Élysées, — où diable me mènes-tu, — chez qui allons-nous, si loin, à la campagne?

— Tu vas voir; nous arrivons, ce n'est plus bien loin, murmurait Olivier, qui tremblait de plus en plus.

En ce moment ils avaient laissé l'arc de triomphe derrière eux, et s'engageaient dans l'avenue de Saint-

Cloud, qui conduit au bois de Boulogne. — La neige glacée criait sous leurs pas, et un vent glacial courait des bordées dans ces lieux déserts et dégarnis de maisons.

— Ah! ça, dit Urbain un peu inquiet, — où allons-nous, encore une fois? — Nous allons nous faire égorger par ici; — chez qui me mènes-tu?... je ne vois pas de maison...

Et le peintre s'arrêta un instant, comme s'il hésitait à aller plus loin.

Ils étaient alors dans une espèce de rond-point où viennent aboutir l'avenue de Saint-Cloud, celles de Passy, — de Chaillot et deux ou trois autres routes. Au milieu de ce rond-point se trouve une petite fontaine entourée d'un grillage circulaire en bois, et en face, une habitation de fantaisie, moitié renaissance et moitié gothique.

— Est-ce que c'est là que nous allons? — dit Urbain, en montrant la maison, — dont la lune éclairait tous les détails : — Qui diable peut loger dans ce joujou? — N'importe, entrons, — j'ai hâte de voir du feu, — il me semble que je nage dans la Bérézina.

— Je ne connais personne dans cette maison, fit Olivier tranquillement.

— Mais alors, fit Urbain — impatienté, — où me mènes-tu? — il n'y a point d'autres maisons. — Cette fois je ne vais pas plus loin.

— C'est inutile, dit Olivier, — nous sommes arrivés.

— Arrivés... où?

— A la fontaine, dit le poëte, tu vas l'entendre chanter...

— Sacrebleu! dit Urbain, — te moques-tu de moi? — Me faire faire deux lieues, à dix heures du soir, — pour me montrer une fontaine gelée, au risque de me faire assassiner avec toi!...

— C'est ici que je venais avec Marie, dit doucement Olivier, — dans les beaux jours. Et, étendant sa main vers un immense espace, il ajouta : Voilà les champs et les arbres! — Vois-tu, dit-il à Urbain, j'ai regardé de cette place de très-beaux soleils couchants; — le ciel était en feu derrière le Calvaire, — on eût dit une copie de Marilhat. — Souvent nous allions jusqu'au bois de Boulogne en prenant par ce chemin bordé d'une haie; — il y a aussi des acacias blancs, le chemin était tout blanc de fleurs tombées des arbres. C'était pendant l'été alors, — maintenant c'est la neige qui blanchit le chemin. Ma pauvre plaine! je l'ai vue si gaie au mois d'août dernier, — il n'y a pas très-longtemps, tu vois. — C'était un dimanche, un jour de fête aux environs, — j'étais couché dans l'herbe, — près de ces peupliers, — les blés venaient d'être fauchés, — on entendait les cigales, — et au loin les tambours et les violons de la fête, — la fontaine coulait en chantant, et de bonnes odeurs couraient dans l'air comme des fumées d'encens. Marie est venue par ce chemin où il y a un grand noyer, — je l'ai aperçue de loin; elle avait une robe blanche et une ombrelle bleue, et son voile flottait au vent; quand elle est arrivée, ses cheveux étaient défaits, elle avait déchiré sa robe aux buissons. Nous sommes restés ensemble jusqu'au soir. Ah! la belle journée! J'ai été bien heureux ce jour-là. — Pourquoi me l'as-tu prise? — acheva Olivier, qui, pendant ses ressouvenirs, avait oublié Urbain et le trouvait tout à coup devant lui. — Non, — reprit-il aussitôt, ne te fâche pas, — ne parlons plus de cela... Je ne veux me

13

rappeler du passé que les bonnes choses. — J'ai voulu revoir cet endroit. — C'est bien triste, — c'est comme un linceul, — les cigales sont mortes — et la fontaine est gelée. — Mais c'est égal... je suis content d'être venu. — Maintenant nous nous en irons si tu veux.

— *Si tu veux* est joli, pensa Urbain, — qui n'eut cependant pas le courage de railler tout haut.

Ils rentrèrent chez eux fort tard. — Le tremblement d'Olivier avait redoublé. — Urbain fit grand feu dans la cheminée, et comme son ami ne parvenait pas à se réchauffer, le peintre lui proposa de prendre un peu de punch chaud.

— Ah! oui, — dit Olivier... oui, je veux bien. — Fais vite ! — Comme cela je dormirai cette nuit, ajouta-t-il, pendant qu'Urbain était allé chercher de l'eau-de-vie.

Ainsi qu'il l'avait espéré, — Olivier dormit cette nuit-là. Mais le lendemain il se réveillait avec une fièvre cérébrale. Urbain, effrayé, alla chez le père d'Olivier, qui le reçut très-froidement et se borna à lui donner l'adresse de son médecin. Urbain y courut aussitôt, — et, l'ayant heureusement trouvé, le ramena auprès d'Olivier. — Le médecin fit un mauvais signe de tête, écrivit une prescription, ordonna les plus grands soins, — et alla redire au père d'Olivier que son fils était en péril. — Laissez-moi son adresse, dit le père au médecin; — j'irai le voir. — Il se mit en route en effet, — mais à moitié du chemin il revint sur ses pas, — et envoya seulement savoir de ses nouvelles par la bonne.

— M. Olivier est très-mal, vint lui redire la servante. — On a été obligé de l'attacher sur son lit; — il passe son temps à mordre une grosse poignée de cheveux — et crie à faire peur : — Marie ! — Marie !...

— Ah! dit le père, — Marie, — c'est le nom de cette femme. — Mal d'amour... ça n'est pas mortel. — Qu'est-ce qui le soigne?

— Un de ses amis, — répondit la servante, — celui qui est venu ici, — il est très-inquiet...

Au bout de huit jours Olivier n'allait pas mieux. — Urbain vint trouver le père et lui demanda de l'argent. — Celui-ci lui en remit un peu, mais avec un air si maussade, qu'Urbain lui dit très-sèchement :

— Le médecin ne répond pas de votre fils. — En cas de malheur, devrai-je vous prévenir pour l'enterrement, monsieur ?

— Sans doute, répondit tranquillement le père.

Lazare et les autres artistes ayant appris la maladie d'Olivier étaient accourus, et se relayaient pour venir auprès de lui la nuit. Urbain était désespéré ; il avait raconté au médecin l'histoire d'Olivier et de Marie, la part qu'il y avait eue, et le long désespoir dont son ami avait été atteint quand il s'était trouvé séparé de sa maîtresse.

— Dès qu'il sera un peu mieux, dit le médecin, il faudra le retirer de cette chambre et l'éloigner de tout ce qui pourrait lui rappeler cette femme. Au bout d'une dizaine de jours le délire devint moins fréquent. On transporta Olivier au logement de Lazare, situé près de la maison d'Urbain. Les buveurs d'eau mirent leur habitation sens dessus dessous pour laisser une chambre libre au malade. Enfin le médecin commença à donner des espérances. D'après les conseils de Lazare, Urbain avait cessé de venir dès l'époque où Olivier avait commencé à retrouver un peu de raison. Quand Olivier, hors de danger, demanda après lui, Lazare répondit qu'Urbain était en voyage. Cependant avec la vie le souvenir de Marie commençait à renaître dans le cœur d'Olivier; mais ce souvenir n'était déjà plus la douleur ni le désespoir, c'était la mélancolie, muse rêveuse et caressante. La convalescence d'Olivier, hâtée par les soins fraternels de ses amis, fut entourée de toutes les distractions qui pouvaient éloigner son cœur d'une rechute. Enfin le jour de la première sortie arriva. C'était au commencement de mars; Lazare et Valentin conduisirent Olivier dans le jardin du Luxembourg. Des chœurs d'oiseaux, perchés dans les arbres verdissants, récitaient le prologue de la saison nouvelle, dont ce beau jour était comme le premier sourire.

En ce moment, à quelques pas du banc où ils étaient assis, un jeune homme passait avec une jeune femme, se tenant par le bras et riant tout haut. — Leurs éclats de rire firent tourner la tête à Olivier. Avant que Lazare et Valentin eussent eu le temps de le retenir, il s'était levé de son banc et avait couru après Urbain.

— Olivier! s'écria Urbain en reconnaissant son ancien ami; — et sur un signe que lui fit Lazare — il ajouta : Je suis arrivé de voyage seulement hier : — je devais alle te voir... mais je savais de tes nouvelles.

La compagne d'Urbain s'était retirée un peu à l'écart.

— Et Marie? demanda Olivier, — dont le cœur avait tout d'abord tremblé en rencontrant le peintre son ami avec une femme.

— Mais, dit Urbain, j'ai été absent de Paris. D'ailleurs je ne m'en suis point inquiété. J'ai l'oubli prompt. — Voici qui doit te le prouver, ajouta Urbain en montrant du doigt la jeune femme qui était avec lui.

— Oh! fit Olivier avec un éclair de regard qui trahissait la joie intérieure, j'étais bien sûr que tu ne l'aimais pas.

— Celle-là aussi s'appelle Marie, — dit Urbain en indiquant sa nouvelle maîtresse, et je l'aime beaucoup depuis hier. — Marie est morte, — vive Marie !

— J'irai vous voir, — dit Olivier en quittant Urbain.

Cette rencontre le laissa calme, et il rentra à la maison presque gai. Le lendemain, accompagné de Lazare, Olivier alla pour voir son père et lui demander de l'argent qui lui revenait. — Son père était absent, mais il trouva la servante.

— Ah! monsieur, lui dit-elle, je suis bien contente de vous revoir. — Voici une lettre pour vous. C'est une dame qui l'a apportée pendant que votre père n'y était pas, heureusement! car il l'aurait déchirée comme il a fait des autres. — Il était bien en colère après cette dame, et il m'a menacé de me renvoyer si je lui donnais votre adresse.

Olivier avait déjà ouvert la lettre. — Elle était de Marie et ne contenait que ces mots :

« Depuis quinze jours que je suis libre, je vous ai écrit trois fois : — vous ne m'avez pas répondu, Olivier! — Vous avez cru comme tant d'autres, sans doute, en me voyant arrêtée, — que j'étais coupable. — Pourtant on ne voulait de moi que des renseignements sur mon mari. — Je ne savais rien, je n'ai pu rien dire. — On m'a remise en liberté. Voilà quinze jours que je vous attends. — Vous ne m'avez pas pardonné sans doute. — Je vous attendrai encore deux jours — à mon ancien logement. — Si je ne vous vois pas je quitterai Paris. Mon départ est arrêté : j'ai vendu mes meubles. — Je voudrais seulement vous dire adieu, — et après vous resterez libre. Je vous jure que je n'ai pas revu Urbain — et que je ne l'ai jamais aimé. — J'ai souvent attendu, bien avant dans la nuit, devant la maison de votre père, comptant vous voir rentrer... Mais vous ne rentriez pas... C'est la dernière fois que je vous écris, et dans deux jours je serai partie. — Au revoir, — ou pour toujours, adieu.

— Quand vous a-t-on remis cette lettre? demanda Olivier à la servante.

— Il y a cinq ou six jours, répondit celle-ci.

— Il est trop tard! s'écria Olivier. — Oh! mon père! — Cependant il força Lazare à l'accompagner à l'ancienne demeure de Marie.

— Madame Duchampy est partie depuis quatre jours, dit le portier.

— J'aime mieux ça ! — murmura Lazare ; et il emmena Olivier.

— Au moins Urbain ne l'a pas pas revue, — pensa Olivier, dont l'amour commençait à tourner à la poésie.

———

UN POËTE DE GOUTTIÈRES

Il y a maintenant à Paris plus de poëtes que de becs de gaz. Et si la police n'y met ordre, le nombre ira encore en croissant de jour en jour. Peu de maisons de la capitale sont privées d'un *vates* quelconque. Perché dans les mansardes, il empêche ses voisins de dormir par les convulsions et les coliques d'un lyrisme nocturne. C'est dans le nid d'un de ces oiseaux de gouttière qui pondent, bon an, mal an, deux ou trois milliers de vers, que nous introduirons le lecteur.

Melchior (il s'appelait Melchior) habitait rue de la Tour-d'Auvergne une chambre de cent francs dans laquelle il faisait de la poésie lyrique. Cette chambre était meublée d'un de ces mobiliers qui sont la terreur des propriétaires, — aux approches du terme surtout. Melchior avait dans un bureau une place qui lui rapportait quarante francs par mois, et ne lui prenait que trois heures par jour. Ce fut à la suite d'un premier amour très-fécond en orages qu'il s'était décidé à prendre la lyre.

Ses amis encouragèrent sa déplorable manie en le comparant à Lamartine, et, dans le tête-à-tête, avec sa modestie qui, comme celle de tant d'autres, n'était que l'hypocrisie de l'orgueil, Melchior s'avouait, à part lui, qu'il pourrait bien un jour justifier la comparaison. Il avait, du reste, une foi inébranlable en lui-même, et croyait entièrement au *nascuntur poetæ* de l'orateur romain. Si parfois il lui venait quelques doutes sur sa vocation, il se hâtait de les dissiper par la lecture d'un de ses poëmes, et devant cette œuvre de son cœur il entrait en des ravissements infinis. Il pleurait, il sanglotait, il battait des mains, il allait se regarder dans la glace pour voir s'il n'avait pas une auréole au front, et il en voyait une. Dans ces moments-là, Melchior aurait voulu pouvoir se dédoubler, afin qu'une moitié de lui-même s'inclinât devant l'autre. Et tout cela de bonne foi, sincèrement, réellement, croyant bien qu'il ne se rendait pas la moitié des honneurs qui lui étaient dus.

Au reste, ces ridicules n'étaient pas inhérents à la nature de Melchior. Ils lui avaient été inoculés par les amis au milieu desquels il vivait, et qui lui assuraient chaque jour qu'il était appelé à de hautes destinées poétiques. Si les personnes sensées qui s'intéressaient à lui essayaient de lui montrer dans quelle voie fausse il s'engageait aussi gratuitement, Melchior se récriait. Il répondait qu'il avait une mission à remplir, que les poëtes sont les prêtres de l'humanité, et que, dût-il mourir en route, il ne renierait pas son culte, etc. Melchior avait d'ailleurs une idée fixe. Il voulait élever à la mémoire de son premier amour un superbe monument poétique au front duquel il placerait le nom de sa maîtresse, pour le faire passer à la postérité à côté des noms de Laure et de Béatrix. Depuis deux ans il travaillait à ce poëme, et n'écrivait pas une strophe où il ne plantât deux saules et n'allumât une auréole. Chaque fois qu'il avait ajouté une centaine de nouveaux vers à son poëme d'amour, il réunissait ses amis dans des soirées où l'on buvait de l'eau non filtrée, et il leur lisait ses nouvelles élégies qu'on applaudissait avec fureur.

Ces lectures étaient ordinairement accompagnées d'une mise en scène dont les ridicules étaient peut-être excusables à cause du sentiment profond et sincère où ils avaient leur source. Ainsi, Melchior lisait les fragments de son poëme d'amour sur une table où il avait d'avance disposé symétriquement toutes les reliques qui lui étaient restées de cette grande passion. Des vieux gants blancs, des rubans sales, un masque de bal, des bouquets fanés, etc., tout cet attirail sentimental était ordinairement accroché au fond de son alcôve. Au milieu se détachait son masque à lui, moulé en plâtre et entouré d'un lambeau d'étoffe noire qui le mettait plus en saillie. Ces puérilités étaient du reste gravement acceptées par les amis de Melchior, qui, pendant plus de deux ans, pratiqua avec une scrupuleuse fidélité la religion du souvenir. Une des autres manies de ce singulier garçon était celle-ci : il achetait tous les volumes de vers à couvertures multicolores qui, deux fois l'an, au printemps et à l'automne, viennent s'abattre sur les rampes des quais. — Il ne se publiait pas un seul hémistiche qu'il n'en eût connaissance; un de ses amis, garçon de bon sens, qui appelait ce genre de recueil les *Punaises de la librairie*, lui ayant demandé pourquoi il dépensait son argent à d'aussi bêtes acquisitions, Melchior lui répondit qu'il fallait bien se tenir au courant des progrès de l'art. Le fait est qu'il voulait simplement juger s'il était de la force des auteurs des *Soupirs nocturnes*, *Matutina* et autres *Brises de mai*. Chaque fois qu'il paraissait un de ces abominables recueils, Melchior se le procurait et assemblait tout le clan des poëtereaux de sa connaissance pour leur donner lecture du poëme nouveau, et lorsque de son avis et de celui de ses admirateurs la comparaison tournait à son avantage, il était content et acceptait sans conteste la supériorité qu'on lui accordait. C'était un spectacle vraiment bien curieux que ces réunions où un tas de gueux, paresseux comme des lazaroni, jouaient sans rire avec les plus graves questions d'art et se drapaient prétentieusement dans le manteau de leur *sainte misère* : ces soirées se terminaient ordinairement par une lecture à haute voix du *Chatterton* de M. Alfred de Vigny. — C'est avec ce livre que Melchior avait achevé de se griser l'esprit; et combien de jeunes gens comme lui ont bu le poison de l'amour-propre dans ces pages brûlantes!

Le drame de *Chatterton* est certainement une belle œuvre, — mais son succès a dû souvent peser lourd comme un remords sur la conscience de son auteur, qui aurait pourtant dû prévoir la dangereuse influence que ce drame pourrait exercer sur les esprits faibles et les vanités ambitieuses. *Chatterton* est une de ces créations qui ont tout l'attrait de l'abîme, et cette pièce, qui n'est après tout, sous forme dramatique, que l'apothéose de l'orgueil et de la médiocrité, avec le suicide pour conclusion, a peut-être ouvert bien des tombes. Mais à coup sûr les représentations de *Chatterton* ont créé cette lamentable école de poëtes pleurards et fatalistes, contre laquelle la critique n'a pas sévi avec assez de violence. Je l'ai dit déjà, Mel-

chior et ses amis faisaient partie de cette bande, et
ils avaient inventé pour leur usage cette maxime
singulière « que la misère est l'engrais du talent. »
Bien que plusieurs occasions se fussent présentées
qui auraient aidé Melchior à sortir de sa mauvaise
situation, il s'obstinait à y demeurer ; cette misère,
disait-il, était une ombre où rayonnaient mieux ces
deux pures étoiles : la poésie et le souvenir de son
premier amour. Et puis la misère! la misère, cela
prête si bien à l'élégie et au dithyrambe! cela fournit
naturellement de si glorieux parallèles ! — Melchior,
lui, ne trouvait même pas la sienne assez complète.
Martyr, à sa couronne il manquait une épine, comme
il le chantait quelquefois, en implorant la fatalité qui
se montrait si clémente à son égard, après avoir été
si rigoureuse pour ses frères. — Enfin, le croirait-on,
Melchior ambitionnait l'hôpital, et ne désirait rien
tant qu'une bonne maladie qui lui permettrait d'aller
à son tour chanter un hymne à la douleur sur un grabat de l'Hôtel-Dieu. Mais cette satisfaction lui était
refusée par le sort, et malgré les privations de toute
nature qu'il subissait, et s'imposait même parfois, sa

robuste santé donnait un rubicond démenti à ses allures de poëte élégiaque. Mais Melchior était obstiné, et voyant que le sort lui refusait la *gloire d'aller souffrir dans le lit de Gilbert,* il imagina une combinaison aussi ridicule que périlleuse pour s'ouvrir la porte de *l'asile des douleurs.* Il se mit pendant quinze jours à un régime qui aurait rendu Atlas pulmonique. Et ayant pris un livre de médecine, il étudia, pour les simuler autant que possible, les symptômes d'une maladie qui, à son début, ne se manifeste que par un affaiblissement général accompagné d'une toux légère et fréquente. Lorsqu'il crut savoir assez convenablement son rôle de phthisique pour affronter l'examen de la science, Melchior résolut d'aller se présenter à la consultation de l'Hôtel-Dieu. La veille du jour qu'il avait choisi, il fit par un temps affreux une course d'environ dix lieues dans les environs de Paris, et lorsqu'il arriva à l'hôpital, la fatigue l'avait si bien grimé et le froid l'avait si bien enrhumé, qu'il avait l'air d'un poitrinaire authentique... Quand son tour fut venu de passer à la visite, Melchior aurait bien donné cent de ses plus beaux vers pour cracher un peu le sang. Mais il avait une mine si épouvantable, et la peur de voir sa ruse découverte lui avait procuré une si belle fièvre, que le médecin lui signa sur-le-champ un bulletin d'admission.

— Quelle est votre profession? lui demanda-t-il à titre de renseignement.

— Je suis poëte, monsieur, répondit Melchior en prenant une pose fatale; c'est-à-dire un de ces malheureux que la brutalité du siècle abandonne sans pitié à toutes les misères, et que...

— C'est bon! c'est bon! Allez vous coucher, mon ami; vous n'en mourrez pas cette fois-ci.

Un candidat académique qui vient d'être élu n'est pas plus heureux, en s'asseyant pour la première fois dans son fauteuil, que ne le fut Melchior lorsqu'il entra dans la salle de l'hôpital.

— Enfin, se disait-il en se couchant dans un lit bien blanc, me voilà donc sur cet affreux grabat des misères humaines, et sur-le-champ il commença une ode *A l'hôpital*. Voici quel était son but : une fois cette ode achevée, — et il était bien convenu qu'elle serait sublime, — Melchior la datait du *Lieu des douleurs*, et il l'adressait à la *Revue des Deux-Mondes*, qui s'empressait de l'imprimer, — cela était encore convenu. L'ode imprimée excitait l'admiration générale. La presse, le public, tout le monde s'inquiétait de ce poëte martyr, de cet autre Gilbert, de ce frère de Moreau, qui agonisait sur un *infâme grabat*, etc., etc. Et alors, — cela était toujours bien convenu, on venait voir Melchior sur son *lit de souffrance*. Les femmes du monde arrivaient en équipage et voulaient jeter sur les blessures de son âme le baume de leurs consolations. La chambre des députés elle-même s'émouvait; le ministre était interpellé et donnait une pension à Melchior pour faire taire les criailleries des journaux libéraux qui hurleraient : *Encore un grand poëte qui se meurt de misère!* Les éditeurs accouraient en foule et se disputaient l'honneur d'imprimer les vers de Melchior. La célébrité chantait son nom dans tous les carrefours de l'univers, et il faisait renchérir le laurier. Tel était sérieusement le plan combiné par Melchior. Pendant huit jours il travailla donc à son ode, qui, lorsqu'elle fut terminée ne comptait pas moins de trois cents vers. C'était un ramassis de vulgarités et de prétentions, une élégie dithyrambique encadrée dans une forme poncive et écrite dans un style médiocre. Le poëte l'adressa à une grande revue, — et s'endormit, sûr de son affaire.

Mais les choses ne se passèrent point comme le poëte l'avait espéré. La grande revue n'imprima point son ode ; l'univers entier ignora qu'il était à l'hôpital ; les femmes du monde allèrent au bois, à l'Opéra et au bal ; les journaux ne publièrent aucun premier-Paris sur le nouveau Gilbert, et le ministère ne lui accorda aucune pension. Seulement, comme on était alors en hiver, époque où les malades sont plus nombreux et les lits d'hôpitaux plus recherchés, le médecin, voyant que la maladie de Melchior n'avait rien de sérieux, lui donna à entendre qu'il eût à demander son *exeat,* s'il ne préférait pas qu'on le lui offrît. Il retourna donc chez lui ; mais, durant son séjour à l'hôpital, l'ennui, les drogues et les tisanes qu'il avait été forcé de prendre pour faire croire à cette fausse maladie, en avaient déterminé une vraie, et cette leçon le fit un peu revenir sur le bonheur qu'on éprouve à *souffrir dans le lit de Gilbert*. Lorsqu'il fut guéri il alla à la *Revue* savoir ce qu'on pensait de son ode et à quelle époque on l'imprimerait. On lui répondit qu'on ne l'imprimerait pas, et il parut étonné.

Cependant cette mésaventure ne fit point renoncer Melchior à son système : il commença de nouveau à se *monter des coups*, comme on dit, et il ne se passait guère de jours où il ne s'ouvrît en rêve de radieux chemins qui le conduisaient aux astres, et plus que jamais surtout il caressait son idée fixe, qui était, comme on le sait, d'élever un monument poétique à celle qui avait eu les prémices de son cœur. Il ne lui manquait plus que cinq cents francs pour réaliser ce beau rêve, en faisant imprimer son volume d'élégies. Un beau matin il ne lui manqua plus rien : un oncle qu'il avait en Bourgogne mourut subitement, — et une somme de douze cents francs dégringola avec un grand fracas du testament de l'oncle jusqu'au milieu de la misère du neveu, qui, sans faire ni une ni deux, courut chez un imprimeur s'entendre pour l'impression de son livre.

Le jour où il devait recevoir l'épreuve de la première feuille de son livre, Melchior convoqua ses amis à une grande soirée littéraire et les pria d'amener leurs maîtresses. Il avait, disait-il, besoin surtout d'un auditoire de femmes. Les amis ne se firent pas prier, et au jour et à l'heure convenus ils arrivaient, chacun suivi de sa chacune. Melchior était en habit noir et en cravate blanche à nœud mélancolique; il allait commencer, après une petite allocution aux dames, la lecture du poëme, déjà lu tant de fois, lorsqu'un nouveau couple retardataire entra subitement au milieu de l'assemblée. C'était un ami de Melchior, accompagné de sa maîtresse de la veille.

En voyant cette femme Melchior poussa un grand cri : — il venait de reconnaître son idole, sa première maîtresse, qu'il croyait morte depuis deux ans en Angleterre, où l'avait entraînée un mari barbare et jaloux. La dame, en réalité, avait bien été en Angleterre; mais elle n'avait point tardé à jeter son contrat de mariage par-dessus les moulins, et après deux années de séjour parmi les brouillards de Londres, elle était depuis trois mois revenue faire de la bohème galante sous le soleil de Paris. Pour le moment elle n'était pas très-heureuse, et donna clairement à entendre à son ancien amant, avec qui elle était restée seule, qu'elle préférait une robe et des bottines à tous les poëmes du monde.

Le lendemain Melchior alla retirer son manuscrit de chez l'imprimeur...

— Comment, mon pauvre chéri, tu as écrit tout cela pour moi... pendant... que... Ah! ah! c'est bien drôle, fit la dame.

— Oui, dit Melchior, — je t'ai aimée en vers pendant deux ans ; maintenant je vais t'aimer en prose.

— Il l'aima ainsi pendant six semaines, après quoi il employa le reste de son argent à apprendre la tenue des livres, afin de pouvoir entrer comme commis chez un agent de change, — où il est actuellement, aussi possédé de la fièvre des chiffres qu'il le fut jadis de la fièvre des rimes.

LE MANCHON DE FRANCINE

I

Parmi les vrais bohémiens de la vraie bohème, j'ai connu autrefois un garçon nommé Jacques D...; il était sculpteur, et promettait d'avoir un jour un grand talent. Mais la misère ne lui a pas donné le temps d'accomplir ses promesses. Il est mort d'épuisement au mois de mars 1844, à l'hôpital Saint-Louis, salle Sainte-Victoire, lit 14.

J'ai connu Jacques à l'hôpital, où j'étais moi-même détenu par une longue maladie. Jacques avait, comme je l'ai dit, l'étoffe d'un grand talent, et pourtant il ne s'en faisait point accroire. Pendant les deux mois que je l'ai fréquenté, et durant lesquels il se sentait bercé dans les bras de la mort, je ne l'ai point entendu se plaindre une seule fois, ni se livrer à ces lamentations qui ont rendu si ridicule l'artiste incompris. Il est mort sans *pose*, en faisant l'horrible grimace des agonisants. Cette mort me rappelle même une des scènes les plus atroces que j'aie jamais vues dans ce caravansérail des douleurs humaines. Son père, instruit de l'événement, était venu pour réclamer le corps et avait longtemps marchandé pour donner les trente-six francs réclamés par l'administration. Il avait marchandé aussi pour le service de l'église, et avec tant d'instance, qu'on avait fini par lui rabattre six francs. Au moment de mettre le cadavre dans la bière, l'infirmier enleva la serpillière de l'hôpital et demanda à un des amis du défunt qui se trouvait là de quoi payer le linceul. Le pauvre diable, qui n'avait pas le sou, alla trouver le père de Jacques, qui entra dans une colère atroce, et demanda si on n'avait pas fini de l'ennuyer.

La sœur novice qui assistait à ce monstrueux débat jeta un regard sur le cadavre et laissa échapper cette tendre et naïve parole :

— Oh! monsieur, on ne peut pas l'enterrer comme cela, ce pauvre garçon : il fait si froid; donnez-lui au moins une chemise, qu'il n'arrive pas tout nu devant le bon Dieu.

Le père donna cinq francs à l'ami pour avoir une chemise; mais il lui recommanda d'aller chez un fripier de la rue Grange aux Belles qui vendait du linge d'occasion.

— Cela coûtera moins cher, ajouta-t-il.

Cette cruauté du père de Jacques me fut expliquée plus tard ; il était furieux que son fils eût embrassé la carrière des arts, et sa colère ne s'était pas apaisée, même devant un cercueil.

Mais je suis bien loin de mademoiselle Francine et de son manchon. J'y reviens : mademoiselle Francine avait été la première et unique maîtresse de Jacques, qui n'était pourtant pas mort vieux, car il avait à peine vingt-trois ans à l'époque où son père voulait le laisser mettre tout nu dans la terre. Cet amour m'a été conté par Jacques lui-même, alors qu'il était le numéro 14 et moi le numéro 16 de la salle Sainte-Victoire, un vilain endroit pour mourir.

Ah! tenez, lecteur, avant de commencer ce récit, qui serait une belle chose si je pouvais le raconter tel qu'il m'a été fait par mon ami Jacques, laissez-moi fumer une pipe dans la vieille pipe de terre qu'il m'a donnée le jour où le médecin lui en avait défendu l'usage. Pourtant la nuit, quand l'infirmier dormait, mon ami Jacques m'empruntait sa pipe et me demandait un peu de tabac : on s'ennuie tant la nuit dans ces grandes salles, quand on ne peut pas dormir et qu'on souffre !

— Rien qu'une ou deux bouffées, me disait-il, et je le laissais faire, et la sœur Sainte-Geneviève n'avait point l'air de sentir la fumée lorsqu'elle passait faire sa ronde. Ah ! bonne sœur ! que vous étiez bonne, et comme vous étiez belle aussi quand vous veniez nous jeter l'eau bénite ! On vous voyait arriver de loin, marchant doucement sous les voûtes sombres, drapée dans vos voiles blancs, qui faisaient de si beaux plis, et que mon ami Jacques admirait tant. Ah ! bonne sœur ! vous étiez la Béatrice de cet enfer. Si douces étaient vos consolations, qu'on se plaignait toujours pour se faire consoler par vous. Si mon ami Jacques n'était pas mort un jour qu'il tombait de la neige, il vous aurait sculpté une petite bonne Vierge pour mettre dans votre cellule, bonne sœur Sainte-Geneviève!...

UN LECTEUR.

Eh bien, et le manchon? je ne vois pas le manchon, moi.

AUTRE LECTEUR.

Et mademoiselle Francine? où est-elle donc?

PREMIER LECTEUR.

Ce n'est point très-gai, cette histoire !

DEUXIÈME LECTEUR.

Nous allons voir la fin.

— Je vous demande bien pardon, messieurs, c'est la pipe de mon ami Jacques qui m'a entraîné dans ces digressions. Mais d'ailleurs je n'ai point juré de vous faire rire absolument. Ce n'est point gai tous les jours, la bohème.

Jacques et Francine s'étaient rencontrés dans une maison de la rue de la Tour-d'Auvergne, où ils étaient emménagés en même temps au terme d'avril.

L'artiste et la jeune fille restèrent huit jours avant d'entamer ces relations de voisinage qui sont presque

toujours forcées lorsqu'on habite sur le même carré;
cependant, sans avoir échangé une seule parole, ils
se connaissaient déjà l'un l'autre. Francine savait
que son voisin était un pauvre diable d'artiste, et
Jacques avait appris que sa voisine était une petite
couturière sortie de sa famille pour échapper aux
mauvais traitements d'une belle-mère. Elle faisait
des miracles d'économie pour mettre, comme on dit,
les deux bouts ensemble; et comme elle n'avait jamais connu le plaisir, elle ne l'enviait point. Voici
comment ils en vinrent tous deux à passer par la
commune loi de la cloison mitoyenne. Un soir du
mois d'avril, Jacques rentra chez lui harassé de fatigue, à jeun depuis le matin et profondément triste,
d'une de ces tristesses vagues qui n'ont point de cause
précise et qui vous prennent partout, à toute heure,
espèce d'apoplexie du cœur à laquelle sont particulièrement sujets les malheureux qui vivent solitaires.
Jacques, qui se sentait étouffer dans son étroite cellule, ouvrit la fenêtre pour respirer un peu. La soirée était belle, et le soleil couchant déployait ses mélancoliques féeries sur les collines de Montmartre.

Jacques resta pensif à sa croisée, écoutant le chœur ailé des harmonies printanières qui chantaient dans le calme du soir, et cela augmenta sa tristesse. En voyant passer devant lui un corbeau qui jeta un croassement, il songea au temps où les corbeaux apportaient du pain à Élie, le pieux solitaire, et il fit cette réflexion que les corbeaux n'étaient plus si charitables. Puis, n'y pouvant plus tenir, il ferma sa fenêtre, tira le rideau ; et comme il n'avait pas de quoi acheter de l'huile pour sa lampe, il alluma une chandelle de résine qu'il avait rapportée d'un voyage à la Grande-Chartreuse. Toujours de plus en plus triste, il bourra sa pipe.

— Heureusement que j'ai encore assez de tabac pour cacher le pistolet, murmura-t-il, et il se mit à fumer.

Il fallait qu'il fût bien triste ce soir-là, mon ami Jacques, pour qu'il songeât à cacher le pistolet. C'était sa ressource suprême dans les grandes crises, et elle lui réussissait assez ordinairement. Voici en quoi consistait ce moyen : Jacques fumait du tabac sur lequel il répandait quelques gouttes de laudanum, et il fumait jusqu'à ce que le nuage de fumée qui sortait de sa pipe fût devenu assez épais pour lui dérober tous les objets qui étaient dans sa petite chambre, et surtout un pistolet accroché au mur. C'était l'affaire d'une dizaine de pipes. Quand le pistolet était entièment devenu invisible, il arrivait presque toujours que la fumée et le laudanum combinés endormaient Jacques, et il arrivait aussi souvent que sa tristesse l'abandonnait au seuil de ses rêves. Mais, ce soir-là, il avait usé tout son tabac; le pistolet était parfaitement caché, et Jacques était toujours amèrement triste. Ce soir-là, au contraire, mademoiselle Francine était extrêmement gaie en rentrant chez elle, et sa gaieté était sans cause, comme la tristesse de Jacques : c'était une de ces joies qui tombent du ciel et que le bon Dieu jette dans les bons cœurs. Donc, mademoiselle Francine était en belle humeur, et chantonnait en montant l'escalier. Mais, comme elle allait ouvrir sa porte, un coup de vent entré par la fenêtre ouverte du carré éteignit brusquement sa chandelle.

— Mon Dieu, que c'est ennuyeux ! exclama la

jeune fille, voilà qu'il faut encore descendre et monter six étages.

Mais ayant aperçu de la lumière à travers la porte de Jacques, un instinct de paresse, enté sur un sentiment de curiosité, lui conseilla d'aller demander de la lumière à l'artiste. C'est un service qu'on se rend journellement entre voisins, pensait-elle, et cela n'a rien de compromettant. Elle frappa donc deux petits coups à la porte de Jacques, qui ouvrit, un peu surpris de cette visite tardive. Mais à peine eut-elle fait un pas dans la chambre, que la fumée qui l'emplissait la suffoqua tout d'abord, et, avant d'avoir pu prononcer une parole, elle glissa évanouie sur une chaise et laissa tomber à terre son flambeau et sa clef. Il était minuit, tout le monde dormait dans la maison. Jacques ne jugea point à propos d'appeler du secours; il craignait d'abord de compromettre sa voisine. Il se borna donc à ouvrir la fenêtre pour laisser pénétrer un peu d'air; et, après avoir jeté quelques gouttes d'eau au visage de la jeune fille, il la vit ouvrir les yeux et revenir à elle peu à peu. Lorsqu'au bout de cinq minutes elle eut entièrement repris connaissance, Francine expliqua le motif qui l'avait amenée chez l'artiste, et elle s'excusa beaucoup de ce qui était arrivé.

— Maintenant que je suis remise, ajouta-t-elle, je puis rentrer chez moi.

Et elle avait déjà ouvert la porte du cabinet, lorsqu'elle s'aperçut que non-seulement elle oubliait d'allumer sa chandelle, mais encore qu'elle n'avait pas la clef de sa chambre.

— Étourdie que je suis, dit-elle en approchant son flambeau du cierge de résine, je suis entrée ici pour avoir de la lumière, et j'allais m'en aller sans.

Mais au même instant le courant d'air établi dans la chambre par la porte et la fenêtre, qui étaient restées entr'ouvertes, éteignit subitement le cierge, et les deux jeunes gens restèrent dans l'obscurité.

— On croirait que c'est un fait exprès, dit Francine. Pardonnez-moi, monsieur, tout l'embarras que je vous cause, et soyez assez bon pour faire de la lumière, pour que je puisse retrouver ma clef.

— Certainement, mademoiselle, répondit Jacques en cherchant des allumettes à tâtons.

Il les eut bien vite trouvées. Mais une idée singulière lui traversa l'esprit ; il mit les allumettes dans sa poche en s'écriant :

— Mon Dieu ! mademoiselle, voici bien un autre embarras. Je n'ai point une seule allumette ici, j'ai employé la dernière quand je suis rentré.

J'espère que voilà une ruse crânement bien machinée ! pensa-t-il en lui même.

— Mon Dieu ! mon Dieu ! disait Francine, je puis bien encore rentrer chez moi sans chandelle : la chambre n'est pas si grande pour qu'on puisse s'y perdre. Mais il me faut ma clef ; je vous en prie, monsieur, aidez-moi à chercher, elle doit être à terre.

— Cherchons, mademoiselle, dit Jacques.

Et les voilà tous deux dans l'obscurité en quête de l'objet perdu ; mais, comme s'ils eussent été guidés par le même instinct, il arriva que pendant ces recherches leurs mains, qui tâtonnaient dans le même endroit, se rencontraient dix fois par minute. Et, comme ils étaient aussi maladroits l'un que l'autre, ils ne trouvèrent point la clef.

— La lune, qui est masquée par les nuages, donne

en plein dans ma chambre, dit Jacques. Attendons un peu. Tout à l'heure elle pourra éclairer nos recherches.

Et, en attendant le lever de la lune, ils se mirent à causer. Une causerie au milieu des ténèbres, dans une chambre étroite, par une nuit de printemps; une causerie qui, d'abord frivole et insignifiante, aborde le chapitre des confidences, vous savez où cela mène... Les paroles deviennent peu à peu confuses, pleines de réticences; la voix baisse, les mots s'alternent de soupirs... Les mains qui se rencontrent achèvent la pensée, qui, du cœur, monte aux lèvres, et... Cherchez la conclusion dans vos souvenirs, ô jeunes couples! Rappelez-vous, jeune homme, rappelez-vous, jeune femme, vous qui marchez aujourd'hui la main dans la main, et qui ne vous étiez jamais vus il y a deux jours !

Enfin la lune se démasqua, et sa lueur claire inonda la chambrette; mademoiselle Francine sortit de sa rêverie en jetant un petit cri.

— Qu'avez-vous? lui demanda Jacques, en lui entourant la taille de ses bras.

— Rien, murmura Francine ; j'avais cru entendre frapper. Et, sans que Jacques s'en aperçût, elle poussa du pied, sous un meuble, la clef qu'elle venait d'apercevoir.

Elle ne voulait pas la retrouver.

. . . .

PREMIER LECTEUR.

Je ne laisserai certainement pas cette histoire entre les mains de ma fille.

DEUXIÈME LECTEUR.

Jusqu'à présent je n'ai point encore vu un seul poil du manchon de mademoiselle Francine ; et, pour cette jeune fille, je ne sais pas non plus comment elle est faite, si elle est brune ou blonde.

Patience, ô lecteurs ! patience. Je vous ai promis un manchon, et je vous le donnerai à la fin, comme mon ami Jacques fit à sa pauvre amie Francine, qui était devenue sa maîtresse, ainsi que je l'ai expliqué dans la ligne en blanc qui se trouve au-dessus. Elle était blonde, Francine, blonde et gaie, ce qui n'est pas commun. Elle avait ignoré l'amour jusqu'à vingt ans; mais un vague pressentiment de sa fin prochaine lui conseilla de ne plus tarder si elle voulait le connaître.

Elle rencontra Jacques et elle l'aima. Leur liaison dura six mois. Ils s'étaient pris au printemps, ils se quittèrent à l'automne. Francine était poitrinaire, elle le savait, et son ami Jacques le savait aussi : quinze jours après s'être mis avec la jeune fille, il l'avait appris d'un de ses amis qui était médecin. « Elle s'en ira aux feuilles jaunes, » avait dit celui-ci.

Francine avait entendu cette confidence, et s'aperçut du désespoir qu'elle causait à son ami.

— Qu'importent les feuilles jaunes? lui disait-elle, en mettant tout son amour dans un sourire; qu'importe l'automne, nous sommes en été et les feuilles sont vertes : profitons-en, mon ami... Quand tu me verras prête à m'en aller de la vie, tu me prendras dans tes bras en m'embrassant et tu me défendras de m'en aller. Je suis obéissante, tu sais, et je resterai.

- Et cette charmante créature traversa ainsi pendant cinq mois les misères de la vie de bohème, la chanson et le sourire aux lèvres. Pour Jacques, il se laissait abuser. Son ami lui disait souvent : « Francine va plus mal, il lui faut des soins. » Alors Jacques battait tout Paris pour trouver de quoi faire faire l'ordonnance du médecin ; mais Francine n'en voulait point entendre parler, et elle jetait les drogues par les fenêtres. La nuit, lorsqu'elle était prise par la toux, elle sortait de la chambre et allait sur le carré pour que Jacques ne l'entendît point.

Un jour qu'ils étaient allés tous les deux à la campagne, Jacques aperçut un arbre dont le feuillage était jaunissant. Il regarda tristement Francine, qui marchait lentement et un peu rêveuse.

Francine vit Jacques pâlir, et elle devina la cause de sa pâleur.

— Tu es bête, va, lui dit-elle en l'embrassant, nous ne sommes qu'en juillet ; jusqu'à octobre, il y a trois mois ; en nous aimant nuit et jour, comme nous faisons, nous doublerons le temps que nous avons à passer ensemble. Et puis, d'ailleurs, si je me sens plus mal aux feuilles jaunes, nous irons demeurer dans un bois de sapins : les feuilles sont toujours vertes.

. . . .

Au mois d'octobre Francine fut forcée de rester au lit. L'ami de Jacques la soignait... La petite chambrette où ils logeaient était située tout au haut de la maison et donnait sur une cour où s'élevait un arbre, qui chaque jour se dépouillait davantage. Jacques avait mis un rideau à la fenêtre pour cacher cet arbre à la malade; mais Francine exigea qu'on retirât le rideau.

— O mon ami, disait-elle à Jacques, je te donnerai cent fois plus de baisers qu'il n'a de feuilles... Et elle ajoutait : Je vais beaucoup mieux, d'ailleurs... Je vais sortir bientôt; mais comme il fera froid, et que je ne veux pas avoir les mains rouges, tu m'achèteras un manchon.

Pendant toute la maladie, ce manchon fut son rêve unique.

La veille de la Toussaint, voyant Jacques plus désolé que jamais, elle voulut lui donner du courage; et, pour lui prouver qu'elle allait mieux, elle se leva.

Le médecin arriva au même instant : il la fit recoucher de force.

— Jacques, dit-il à l'oreille de l'artiste, du courage !
Tout est fini Francine va mourir.

Jacques fondit en larmes.

— Tu peux lui donner tout ce qu'elle demandera maintenant, continua le médecin : il n'y a plus d'espoir.

Francine *entendit des yeux* ce que le médecin avait dit à son amant.

— Ne l'écoute pas, s'écria-t-elle en étendant les bras vers Jacques, ne l'écoute pas, il ment. Nous sortirons ensemble demain... c'est la Toussaint; il fera froid, va m'acheter un manchon... Je t'en prie, j'ai peur des engelures pour cet hiver.

Jacques allait sortir avec son ami; mais Francine retint le médecin auprès d'elle.

— Va chercher mon manchon, dit-elle à Jacques, prends-le beau, qu'il dure longtemps.

Et quand elle fut seule, elle dit au médecin :

— O monsieur, je vais mourir, et je le sais... Mais avant de m'en aller, trouvez-moi quelque chose qui me donne des forces pour une nuit, je vous en prie; rendez-moi belle pour une nuit encore, et que je meure après, puisque le bon Dieu ne veut pas que je vive plus longtemps...

Comme le médecin la consolait de son mieux, un vent de bise secoua dans la chambre et jeta sur le lit de la malade une feuille jaune, arrachée à l'arbre de la petite cour.

Francine ouvrit le rideau et vit l'arbre dépouillé complétement.

— C'est la dernière, dit-elle en mettant la feuille sous son oreiller.

— Vous ne mourrez que demain, lui dit le médecin, vous avez une nuit à vous.

— Ah! quel bonheur! fit la jeune fille... une nuit d'hiver elle sera longue.

Jacques rentra; il apportait un manchon.

Il est bien joli, dit Francine; je le mettrai pour sortir.

Elle passa la nuit avec Jacques.

Le lendemain, jour de la Toussaint, à l'*Angelus* de midi, elle fut prise par l'agonie et tout son corps se mit à trembler.

—J'ai froid aux mains, murmura-t-elle; donne-moi mon manchon.

Et elle plongea ses pauvres mains dans la fourrure.

— C'est fini, dit le médecin à Jacques; va l'embrasser.

Jacques colla ses lèvres à celles de son amie. Au dernier moment on voulait lui retirer le manchon, mais elle y cramponna ses mains.

—Non, non, dit-elle; laissez-le-moi : nous sommes dans l'hiver; il fait froid. Ah! mon pauvre Jacques... Ah! mon pauvre Jacques... qu'est-ce que tu vas devenir? Ah! mon Dieu!

Et le lendemain Jacques était seul.

PREMIER LECTEUR.

Je le disais bien que ce n'était point gai, cette histoire.

— Que voulez-vous, lecteur? on ne peut pas toujours rire.

II

C'était le matin du jour de la Toussaint : Francine venait de mourir.

Deux hommes veillaient au chevet : l'un, qui se tenait debout, était le médecin ; l'autre, agenouillé près du lit, collait ses lèvres aux mains de la morte, et semblait vouloir les y sceller dans un baiser désespéré : c'était Jacques, l'amant de Francine. Depuis plus de six heures il était plongé dans une douloureuse insensibilité. Un orgue de Barbarie qui passa sous les fenêtres vint l'en tirer.

Cet orgue jouait un air que Francine avait l'habitude de chanter le matin en s'éveillant.

Une de ces espérances insensées qui ne peuvent naître que dans les grands désespoirs traversa l'esprit de Jacques. Il recula d'un mois dans le passé, à l'époque où Francine n'était encore que mourante ; il oublia l'heure présente, et s'imagina un moment que la trépassée n'était qu'endormie, et qu'elle allait s'éveiller tout à l'heure la bouche ouverte à son refrain matinal.

Mais les sons de l'orgue n'étaient pas encore éteints que Jacques était déjà revenu à la réalité. La bouche de Francine était éternellement close pour les chansons, et le sourire qu'y avait amené sa dernière pensée s'effaçait de ses lèvres, où la mort commençait à naître.

— Du courage! Jacques, dit le médecin, qui était l'ami du sculpteur.

Jacques se releva et dit en regardant le médecin :

— C'est fini, n'est-ce pas, il n'y a plus d'espérance?

Sans répondre à cette triste folie, l'ami alla fermer les rideaux du lit; et, revenant ensuite vers le sculpteur, il lui tendit la main.

— Francine est morte... dit-il, il fallait nous y attendre. Dieu sait que nous avons fait tout ce que nous avons pu pour la sauver. C'était une honnête fille, Jacques, qui t'a beaucoup aimé, plus et autrement que tu ne l'aimais toi-même; car son amour n'était fait que d'amour, tandis que le tien renfermait un alliage. Francine est morte... mais tout n'est pas fini, il faut maintenant songer à faire les démarches nécessaires pour l'enterrement. Nous nous en occuperons ensemble, et pendant notre absence nous prierons la voisine de veiller ici.

Jacques se laissa entraîner par son ami. Toute la journée ils coururent, à la mairie aux pompes funèbres, au cimetière. Comme Jacques n'avait point d'argent, le médecin engagea sa montre, une bague et quelques effets d'habillement pour subvenir aux frais du convoi, qui fut fixé au lendemain.

Ils rentrèrent tous deux fort tard le soir; la voisine força Jacques à manger un peu.

— Oui, dit-il, je le veux bien; j'ai froid, et j'ai besoin de prendre un peu de force, car j'aurai à travailler cette nuit.

La voisine et le médecin ne comprirent pas.

Jacques se mit à table et mangea si précipitamment quelques bouchées qu'il faillit s'étouffer. Alors il demanda à boire. Mais en portant son verre à sa bouche, Jacques le laissa tomber à terre. Le verre qui s'était brisé avait réveillé sa douleur un instant engourdie. Le jour où Francine était venue pour la première fois chez lui, la jeune fille, qui était déjà souffrante, s'était trouvée indisposée, et Jacques lui avait donné à boire un peu d'eau sucrée dans ce verre. Plus tard, lorsqu'ils demeurèrent ensemble, ils en avaient fait une relique d'amour.

Dans les rares instants de richesse, l'artiste achetait

pour son amie une ou deux bouteilles d'un vin fortifiant dont l'usage lui était prescrit, et c'était dans ce verre que Francine buvait la liqueur où sa tendresse puisait une gaieté charmante.

Jacques resta plus d'une demi-heure à regarder, sans rien dire, les morceaux épars de ce fragile et cher souvenir, et il lui sembla que son cœur aussi venait de se briser et qu'il en sentait les éclats déchirer sa poitrine. Lorsqu'il fut revenu à lui, il ramassa les débris du verre et les jeta dans un tiroir. Puis il pria la voisine d'aller lui chercher deux bougies et de faire monter un seau d'eau par le portier.

Ne t'en va pas, dit-il au médecin, qui n'y songeait aucunement, j'aurai besoin de toi tout à l'heure.

On apporta l'eau et les bougies; les deux amis restèrent seuls.

— Que veux-tu faire? dit le médecin en voyant Jacques qui, après avoir versé de l'eau dans une sébile en bois, y jetait du plâtre fin à poignées égales.

— Ce que je veux faire, dit l'artiste, ne le devines-tu pas? je vais mouler la tête de Francine; et comme je manquerais de courage si je restais seul, tu ne t'en iras pas.

Jacques alla ensuite tirer les rideaux du lit et abaissa le drap qu'on avait jeté sur la figure de la morte. La main de Jacques commença à trembler, et un sanglot étouffé monta jusqu'à ses lèvres.

— Apporte les bougies, cria-t-il à son ami, et viens me tenir la sébile. L'un des flambeaux fut posé à la tête du lit, de façon à répandre toute sa clarté sur le visage de la poitrinaire; l'autre bougie fut placée au pied. A l'aide d'un pinceau trempé dans l'huile d'olive, l'artiste oignit les sourcils, les cils et les cheveux, qu'il arrrangea ainsi que Francine faisait le plus habituellement.

— Comme cela elle ne souffrira pas quand nous lui enlèverons le masque, murmura Jacques à lui-même.

Ces précautions prises, et après avoir disposé la tête de la morte dans une attitude favorable, Jacques commença à couler le plâtre par couches successives jusqu'à ce que le moule eût atteint l'épaisseur nécessaire. Au bout d'un quart d'heure l'opération était terminée et avait complétement réussi.

Par une étrange particularité un changement s'était opéré sur le visage de Francine. Le sang, qui n'avait pas eu le temps de se glacer entièrement, réchauffé sans doute par la chaleur du plâtre, avait afflué vers les régions supérieures, et un nuage aux transparences rosées se mêlait graduellement aux blancheurs mates du front et des joues. Les paupières, qui s'étaient soulevées lorsqu'on avait enlevé le moule, laissaient voir l'azur tranquille des yeux, dont le regard paraissait recéler une vague intelligence; et des lèvres, entr'ouvertes par un sourire commencé, semblait sortir, oubliée dans le dernier adieu, cette dernière parole qu'on entend seulement avec le cœur.

Qui pourrait affirmer que l'intelligence finit absolument là où commence l'insensibilité de l'être? Qui peut dire que les passions s'éteignent et meurent juste avec la dernière pulsation du cœur qu'elles ont agité? L'âme ne pourrait-elle pas rester quelquefois volontairement captive dans le corps vêtu déjà pour le cercueil, et, du fond de sa prison charnelle, épier un moment les regrets et les larmes? Ceux qui s'en vont ont tant de raisons pour se défier de ceux qui restent!

Au moment où Jacques songeait à conserver ses traits par les moyens de l'art, qui sait? une pensée d'outre-vie était peut-être revenue réveiller Francine dans son premier sommeil du repos sans fin. Peut-être s'était-elle rappelé que celui qu'elle venait de quitter était un artiste en même temps qu'un amant; qu'il était l'un et l'autre, parce qu'il ne pouvait être l'un sans l'autre; que pour lui l'amour était l'âme de l'art, et que, s'il l'avait tant aimée, c'est qu'elle avait su être pour lui une femme et une maîtresse, un sentiment dans une forme. Et alors peut-être Francine, voulant laisser à Jacques l'image humaine qui était devenue pour lui un idéal incarné, avait su, morte, déjà glacée, revêtir encore une fois son visage de tous les rayonnements de l'amour et de toutes les grâces de la jeunesse; elle ressuscitait objet d'art.

Et peut-être aussi la pauvre fille avait pensé vrai; car il existe parmi les vrais artistes de ces Pygmalions singuliers qui, au contraire de l'autre, voudraient pouvoir changer en marbre leurs Galatées vivantes.

Devant la sérénité de cette figure, où l'agonie n'offrait plus de traces, nul n'aurait pu croire aux longues souffrances qui avaient servi de préface à la mort. Francine paraissait continuer un rêve d'amour ; et en la voyant ainsi, on eût dit qu'elle était morte de beauté.

Le médecin, brisé par la fatigue, dormait dans un coin.

Quant à Jacques, il était de nouveau retombé dans ses doutes. Son esprit halluciné s'obstinait à croire que celle qu'il avait tant aimée allait se réveiller ; et comme de légères contractions nerveuses, déterminées par l'action récente du moulage, rompaient par intervalles l'immobilité du corps, ce simulacre de vie entretenait Jacques dans son heureuse illusion, qui dura jusqu'au matin, à l'heure où un commissaire vint constater le décès et autoriser l'inhumation.

Au reste, s'il avait fallu toute la folie du désespoir pour douter de sa mort en voyant cette belle créature, il fallait aussi pour y croire toute l'infaillibilité de la science.

Pendant que la voisine ensevelissait Francine on avait entraîné Jacques dans une autre pièce, où il trouva quelques-uns de ses amis, venus pour suivre le convoi. Les bohèmes s'abstinrent vis-à-vis de Jacques, qu'ils aimaient pourtant fraternellement, de toutes ces consolations qui ne font qu'irriter la douleur. Sans prononcer une de ces paroles si difficiles à trouver et si pénibles à entendre, ils allaient tour à tour serrer silencieusement la main de leur ami.

— Cette mort est un grand malheur pour Jacques, fit l'un d'eux.

— Oui, répondit le peintre Lazare, esprit bizarre qui avait su vaincre de bonne heure toutes les rébellions de la jeunesse en leur imposant l'inflexibilité d'un parti pris, et chez qui l'artiste avait fini par étouffer l'homme, oui; mais un malheur qu'il a volontairement introduit dans sa vie. Depuis qu'il connaît Francine, Jacques est bien changé.

— Elle l'a rendu heureux, dit un autre.

— Heureux! reprit Lazare, qu'appelez-vous heureux? Comment nommez-vous bonheur une passion qui met un homme dans l'état où Jacques est en ce moment? Qu'on aille lui montrer un chef-d'œuvre : il ne détournerait pas les yeux ; et pour revoir encore une fois sa maîtresse, je suis sûr qu'il marcherait sur un Titien ou sur un Raphaël. Ma maîtresse à moi est immortelle et ne me trompera pas. Elle habite le Louvre et s'appelle *Joconde.*

Au moment où Lazare allait continuer ses théories sur l'art et le sentiment on vint avertir qu'on allait partir pour l'église.

Après quelques basses prières le convoi se dirigea vers le cimetière... Comme c'était précisément le jour de la fête des Morts, une foule immense encombrait l'asile funèbre. Beaucoup de gens se retournaient pour regarder Jacques, qui marchait la tête nue derrière le corbillard.

— Pauvre garçon! disait l'un, c'est sa mère sans doute.

— C'est son père, disait un autre.

— C'est sa sœur, disait-on autre part.

Venu là pour étudier l'attitude des regrets à cette fête des souvenirs, qui se célèbre une fois l'an sous le brouillard de novembre, seul, un poëte, en voyant passer Jacques, devina qu'il suivait les funérailles de sa maîtresse.

Quand on fut arrivé près de la fosse réservée, les

bohémiens, la tête nue, se rangèrent autour. Jacques se mit sur le bord; son ami le médecin le tenait par le bras.

Les hommes du cimetière étaient pressés et voulurent faire vivement les choses.

— Il n'y a pas de discours, dit l'un d'eux. Allons! tant mieux. Houp! camarade! allons, là!

Et la bière, tirée hors de la voiture, fut liée avec des cordes et descendue dans la fosse. L'homme alla retirer les cordes et sortit du trou; puis, aidé d'un de ses camarades, il prit un pelle et commença à jeter de la terre. La fosse fut bientôt comblée. On y planta une petite croix de bois.

Au milieu de ses sanglots le médecin entendit Jacques qui laissait échapper ce cri d'égoïsme :

— O ma jeunesse! c'est vous qu'on enterre!

Jacques faisait partie d'une société appelée *les Buveurs d'eau*, et qui paraissait avoir été fondée en vue d'imiter le fameux cénacle de la rue des Quatre-Vents, dont il est question dans le beau roman du *Grand homme de province*. Seulement il existait une grande différence entre les héros du cénacle et les Buveurs d'eau, qui, comme tous les imitateurs, avaient exagéré le système qu'ils voulaient mettre en application. Cette différence se comprendra par ce fait seul que, dans le livre de M. de Balzac, les membres du cénacle finissent par atteindre le but qu'ils se proposaient et prouvent que tout système est bon qui réussit; tandis qu'après plusieurs années d'existence la société des *Buveurs d'eau* s'est dissoute naturellement par la mort de tous ses membres, sans que le nom d'aucun soit resté attaché à une œuvre qui pût attester de leur existence.

Pendant sa liaison avec Francine, les rapports de Jacques avec la société des *Buveurs d'eau* devinrent moins fréquents. Les nécessités d'existence avaient forcé l'artiste à violer certaines conditions, signées et jurées solennellement par les Buveurs d'eau le jour où la société avait été fondée.

Perpétuellement juchés sur les échasses d'un orgueil absurde, ces jeunes gens avaient érigé en principe souverain, dans leur association, qu'ils ne devraient jamais quitter les hautes cimes de l'art, c'est-à-dire que, malgré leur misère mortelle, aucun d'eux ne voulait faire de concession à la nécessité. Ainsi le poëte Melchior n'aurait jamais consenti à abandonner ce qu'il appelait sa lyre pour écrire un prospectus commercial ou une profession de foi. C'était bon pour le poëte Rodolphe, un propre à rien, qui était bon à tout, et qui ne laissait jamais passer une pièce de cent sous devant lui sans tirer dessus, n'importe avec quoi. Le peintre Lazare, orgueilleux porte-haillons, n'eût jamais voulu salir ses pinceaux à faire le portrait d'un tailleur tenant un perroquet sur ses doigts, comme notre ami le peintre Marcel avait fait une fois en échange de ce fameux habit surnommé *Mathusalem*, et que la main de chacune de ses amantes avait étoilé de reprises. Tout le temps qu'il avait vécu en communion d'idées avec les Buveurs d'eau, le sculpteur Jacques avait subi la tyrannie de l'acte de société; mais dès qu'il connut Francine, il ne voulut pas associer la pauvre enfant, déjà malade, au régime qu'il avait accepté tout le temps de sa solitude. Jacques était par-dessus tout une nature probe et loyale. Il alla trouver le président de la société, l'exclusif

Lazare, et lui annonça que désormais il accepterait tout travail qui pourrait lui être productif.

— Mon cher, lui répondit Lazare, ta déclaration d'amour était ta démission d'artiste. Nous resterons tes amis, si tu veux, mais nous ne serons plus tes associés. Fais du métier tout à ton aise; pour moi, tu n'es plus un sculpteur, tu es un gâcheur de plâtre. Il est vrai que tu pourras boire du vin, mais nous, qui continuerons à boire notre eau et à manger notre pain de munition, nous resterons des artistes.

Quoi qu'en eût dit Lazare, Jacques resta un artiste. Mais pour conserver Francine auprès de lui il se livrait, quand les occasions se présentaient, à des travaux productifs. C'est ainsi qu'il travailla longtemps dans l'atelier de l'ornemaniste Romagnési. Habile dans l'exécution, ingénieux dans l'invention, Jacques aurait pu, sans abandonner l'art sérieux, acquérir une grande réputation dans ces compositions de genre qui sont devenues un des principaux éléments du commerce de luxe. Mais Jacques était paresseux comme tous les vrais artistes, et amoureux à la façon des poëtes. La jeunesse en lui s'était éveillée tardive, mais ardente ; et avec un pressentiment de sa fin prochaine, il voulait tout entière l'épuiser entre les bras de Francine. Aussi il arriva souvent que les bonnes occasions de travail venaient frapper à sa porte sans que Jacques voulût y répondre, parce qu'il aurait fallu se déranger, et qu'il se trouvait trop bien à rêver aux lueurs des yeux de son amie.

Lorsque Francine fut morte, le sculpteur alla revoir ses anciens amis les Buveurs. Mais l'esprit de Lazare dominait dans ce cercle, où chacun des membres vivait pétrifié dans l'égoïsme de l'art. Jacques n'y trouva pas ce qu'il venait y chercher. On ne comprenait guère son désespoir, qu'on voulait calmer par des raisonnements ; et voyant ce peu de sympathie, Jacques préféra isoler sa douleur plutôt que de la voir exposée à la discussion. Il rompit donc complétement avec les buveurs d'eau et s'en alla vivre seul.

Cinq ou six jours après l'enterrement de Francine, Jacques alla trouver un marbrier du cimetière Montparnasse, et lui offrit de conclure avec lui le marché suivant : le marbrier fournirait au tombeau de Francine un entourage que Jacques se réservait de dessiner, et donnerait en outre à l'artiste un morceau de marbre blanc, moyennant quoi Jacques se mettrait pendant trois mois à la disposition du marbrier, soit comme ouvrier tailleur de pierres, soit comme sculpteur. Le marchand de tombeaux avait alors plusieurs commandes extraordinaires; il alla visiter l'atelier de Jacques, et, devant plusieurs travaux commencés, il acquit la preuve que le hasard qui lui livrait Jacques était une bonne fortune pour lui. Huit jours après la tombe de Francine avait un entourage, au milieu duquel la croix de bois avait été remplacée par une croix de pierre, avec le nom gravé en creux.

Jacques avait heureusement affaire à un honnête homme, qui comprit que cent kilos de fer fondu et trois pieds carrés de marbre des Pyrénées ne pouvaient point payer trois mois de travaux de Jacques, dont le talent lui avait rapporté plusieurs milliers d'écus. Il offrit à l'artiste de l'attacher à son entreprise moyennant un intérêt, mais Jacques ne consentit point. Le peu de variété des sujets à traiter répugnait à sa nature inventive; d'ailleurs il avait ce qu'il voulait, un gros morceau de marbre, des entrailles duquel il voulait faire sortir un chef-d'œuvre qu'il destinait à la tombe de Francine.

Au commencement du printemps la situation de Jacques devint meilleure : son ami le médecin le mit en relation avec un grand seigneur étranger qui venait se fixer à Paris et y faisait construire un magnifique hôtel dans un des plus beaux quartiers. Plusieurs artistes célèbres avaient été appelés à concourir au luxe de ce petit palais. On commanda à Jacques une cheminée de salon. Il me semble encore voir les cartons de Jacques ; c'était une chose charmante : tout le poëme de l'hiver était raconté dans ce marbre qui devait servir de cadre à la flamme. L'atelier de Jacques étant trop petit, il demanda et obtint, pour exécuter son œuvre, une pièce dans l'hôtel, encore inhabité. On lui avança même une assez forte somme sur le prix convenu de son travail. Jacques commença par rembourser à son ami le médecin l'argent que celui-ci lui avait prêté lorsque Francine était morte ; puis il courut au cimetière, pour y faire cacher sous un champ de fleurs la terre où reposait sa maîtresse.

Mais le printemps était venu avant Jacques, et sur la tombe de la jeune fille mille fleurs croissaient au hasard parmi l'herbe verdoyante. L'artiste n'eut pas le courage de les arracher, car il pensa que ces fleurs renfermaient quelque chose de son amie. Comme le jardinier lui demandait ce qu'il devait faire des roses et des pensées qu'il avait apportées, Jacques lui ordonne de les planter sur une fosse voisine nouvellement creusée, pauvre tombe d'un pauvre, sans clôture, et n'ayant pour signe de reconnaissance qu'un morceau de bois piqué en terre, et surmonté d'une couronne de fleurs en papier noirci, pauvre offrande de la douleur d'un pauvre. Jacques sortit du cimetière tout autre qu'il n'y était entré. Il regardait avec une curiosité pleine de joie ce beau soleil printanier, le même qui avait tant de fois doré les cheveux de Francine lorsqu'elle courait dans la campagne, fauchant les prés avec ses blanches mains. Tout un essaim de bonnes pensées chantait dans le cœur de Jacques. En passant devant un petit cabaret du boulevard extérieur, il se rappela qu'un jour, ayant été surpris par l'orage, il était entré dans ce bouchon avec Francine, et qu'ils y avaient dîné. Jacques entra et se fit servir à dîner sur la même table. On lui donna du dessert dans une soucoupe à vignettes; il reconnut la soucoupe et se souvint que Francine était restée une demi-heure à deviner le rébus qui y était peint; et il se ressouvint aussi d'une chanson qu'avait chantée Francine, mise en belle humeur par un petit vin violet qui ne coûte pas bien cher, et qui contient plus de gaieté que de raisin. Mais cette crue de doux souvenirs réveillait son amour sans réveiller sa douleur. Accessible à la superstition, comme tous les esprits poétiques et rêveurs, Jacques s'imagina que c'était Francine qui, en l'entendant marcher tout à l'heure auprès d'elle, lui avait envoyé cette bouffée de bons souvenirs à travers sa tombe, et il ne voulut pas les mouiller d'une larme. Et il sortit du cabaret pied leste, front haut, œil vif, cœur battant, presque un sourire aux lèvres, et murmurant en chemin ce refrain de la chanson de Francine :

> L'amour rôde dans mon quartier,
> Il faut tenir ma porte ouverte.

Ce refrain dans la bouche de Jacques, c'était encore

un souvenir, mais aussi c'était déjà une chanson ; et peut-être, sans s'en douter, Jacques fit-il ce soir-là le premier pas dans ce chemin de transition qui de la tristesse mène à la mélancolie, et de là à l'oubli. Hélas! quoi qu'on veuille et quoi qu'on fasse, l'éternelle et juste loi de la mobilité le veut ainsi.

De même que les fleurs qui, nées peut-être du corps de Francine, avaient poussé sur sa tombe, des sèves de jeunesse fleurissaient dans le cœur de Jacques, où les souvenirs de l'amour ancien éveillaient de vagues aspirations vers de nouvelles amours. D'ailleurs Jacques était de cette race d'artistes et de poëtes qui font de la passion un instrument de l'art et de la poésie, et dont l'esprit n'a d'activité qu'autant qu'il est mis en mouvement par les forces motrices du cœur. Chez Jacques, l'invention était vraiment fille du sentiment, et il mettait une parcelle de lui-même dans les plus petites choses qu'il faisait. Il s'aperçut que les souvenirs ne lui suffisaient plus, et que, pareil à la meule qui s'use elle-même quand le grain lui manque, son cœur s'usait faute d'émotion. Le travail n'avait plus de charmes pour lui; l'invention, jadis fiévreuse et spontanée, n'arrivait plus que sous l'effort de la patience; Jacques était mécontent, et enviait presque la vie de ses anciens amis les Buveurs d'eau.

Il chercha à se distraire, tendit la main aux plaisirs, et se créa de nouvelles liaisons. Il fréquenta le poëte Rodolphe, qu'il avait rencontré dans un café, et tous deux se prirent d'une grande sympathie l'un pour l'autre. Jacques lui avait expliqué ses ennuis; Rodolphe ne fut pas bien longtemps à en comprendre le motif.

— Mon ami, lui dit-il, je connais ça... et lui frappant la poitrine à l'endroit du cœur, il ajouta : Vite et vite, il faut rallumer le feu là-dedans; ébauchez sans retard une petite passion, et les idées vous reviendront.

— Ah ! dit Jacques, j'ai trop aimé Francine.

— Ça ne vous empêchera pas de l'aimer toujours. Vous l'embrasserez sur les lèvres d'une autre.

— Oh ! dit Jacques; seulement si je pouvais rencontrer une femme qui lui ressemblât !... Et il quitta Rodolphe tout rêveur.

. . . .

Six semaines après, Jacques avait retrouvé toute sa verve, rallumée aux doux regards d'une jolie fille qui s'appelait Marie, et dont la beauté maladive rappelait un peu celle de la pauvre Francine. Rien de plus joli en effet que cette jolie Marie, qui avait dix-huit ans moins six semaines, comme elle ne manquait jamais de le dire. Ses amours avec Jacques étaient nées au clair de la lune, dans le jardin d'un bal champêtre, au son d'un violon aigre, d'une contrebasse phthisique et d'une clarinette qui sifflait comme un merle. Jacques l'avait rencontrée un soir où il se promenait gravement autour de l'hémicycle réservé à la danse. En le voyant passer roide, dans son éternel habit noir boutonné jusqu'au cou, les bruyantes et jolies habituées de l'endroit, qui connaissaient l'artiste de vue, se disaient entre elles :

— Que vient faire ici ce croque-mort? Y a-t-il donc quelqu'un à enterrer ?

Et Jacques marchait toujours isolé, se faisant intérieurement saigner le cœur aux épines d'un souvenir dont l'orchestre augmentait la vivacité, en exécutant une contredanse joyeuse qui sonnait aux oreilles de l'artiste, triste comme un *De profundis*. Ce fut au milieu de cette rêverie qu'il aperçut Marie qui le regardait dans un coin, et riait comme une folle en voyant sa mine sombre. Jacques leva les yeux, et entendit à trois pas de lui cet éclat de rire en chapeau rose. Il s'approcha de la jeune fille, et lui adressa quelques paroles auxquelles elle répondit; il lui offrit son bras pour faire un tour de jardin : elle accepta. Il lui dit qu'il la trouvait jolie comme un ange, elle se le fit répéter deux fois; il lui vola des pommes vertes qui pendaient aux arbres du jardin, elle les croqua avec délices en faisant entendre ce rire sonore qui semblait être la ritournelle de sa constante gaieté. Jacques pensa à la Bible et songea qu'on ne devait jamais désespérer avec aucune femme, et encore moins avec celles qui aimaient les pommes. Il fit avec le chapeau rose un nouveau tour de jardin, et c'est ainsi qu'étant arrivé seul au bal il n'en était point revenu de même.

Cependant Jacques n'avait pas oublié Francine : suivant les paroles de Rodolphe, il l'embrassait tous les jours sur les lèvres de Marie, et travaillait en secret à la figure qu'il voulait placer sur la tombe de la morte.

Un jour qu'il avait reçu de l'argent, Jacques acheta une robe à Marie, une robe noire. La jeune fille fut bien contente; seulement elle trouva que le noir n'était pas gai pour l'été. Mais Jacques lui dit qu'il aimait beaucoup le noir, et qu'elle lui ferait plaisir en mettant cette robe tous les jours. Marie lui obéit.

Un samedi, Jacques dit à la jeune fille :

— Viens demain de bonne heure, nous irons à la campagne.

— Quel bonheur! fit Marie. Je te ménage une surprise, tu verras ; demain il fera du soleil.

Marie passa la nuit chez elle à achever une robe neuve qu'elle avait achetée sur ses économies, une jolie robe rose. Et le dimanche elle arriva, vêtue de sa pimpante emplette, à l'atelier de Jacques.

L'artiste la reçut froidement, brutalement presque.

— Moi qui croyais te faire plaisir en me faisant cadeau de cette toilette réjouie! dit Marie, qui ne s'expliquait pas la froideur de Jacques.

— Nous n'irons pas à la campagne, répondit celui-ci, tu peux t'en aller, j'ai à travailler.

Marie s'en retourna chez elle le cœur gros. En route, elle rencontra un jeune homme qui savait l'histoire de Jacques, et qui lui avait fait la cour, à elle.

— Tiens, mademoiselle Marie, vous n'êtes donc plus en deuil? lui dit-il.

— En deuil, dit Marie, et de qui?

— Quoi! vous ne savez pas? C'est pourtant bien connu; cette robe noire que Jacques vous a donnée...

— Eh bien? dit Marie.

— Eh bien, c'était le deuil : Jacques vous faisait porter le deuil de Francine.

A compter de ce jour Jacques ne revit plus Marie.

Cette rupture lui porta malheur. Les mauvais jours revinrent : il n'eut plus de travaux et tomba dans une si affreuse misère, que, ne sachant plus ce qu'il allait devenir, il pria son ami le médecin de le faire entrer dans un hôpital. Le médecin vit du premier coup d'œil que cette admission n'était pas difficile à obtenir. Jacques, qui ne se doutait pas de son état, était en route pour aller rejoindre Francine.

On le fit entrer à l'hôpital Saint-Louis.

Comme il pouvait encore agir et marcher, Jacques pria le directeur de l'hôpital de lui donner une petite chambre dont on ne se servait point, pour qu'il pût y aller travailler. On lui donna la chambre, et il y fit apporter une selle, des ébauchoirs et de la terre glaise. Pendant les quinze premiers jours il travailla à la figure qu'il destinait au tombeau de Francine. C'était un grand ange aux ailes ouvertes. Cette figure, qui était le portrait de Francine, ne fut pas entièrement achevée, car Jacques ne pouvait plus monter l'escalier, et bientôt il ne put plus quitter son lit.

Un jour le cahier de l'externe lui tomba entre les mains, et Jacques, en voyant les remèdes qu'on lui ordonnait, comprit qu'il était perdu ; il écrivit à sa famille et fit appeler la sœur Sainte-Geneviève, qui l'entourait de tous ses soins charitables.

— Ma sœur, lui dit Jacques, il y a là-haut, dans la chambre que vous m'avez fait prêter, une petite figure en plâtre; cette statuette, qui représente un ange, était destinée à un tombeau, mais je n'ai pas le temps de l'exécuter en marbre. Pourtant j'en ai un beau morceau chez moi, du marbre blanc veiné de rose. Enfin... ma sœur, je vous donne ma petite statuette pour mettre dans la chapelle de la communauté.

Jacques mourut peu de jours après. Comme le convoi eut lieu le jour même de l'ouverture du *salon*, les Buveurs d'eau n'y assistèrent pas. « L'art avant tout, » avait dit Lazare.

La famille de Jacques n'était pas riche, et l'artiste n'eut pas de terrain particulier.

Il fut enterré quelque part.

FIN.

TABLE DES MATIÈRES

Le Souper des funérailles............................. 1
La Maîtresse aux mains rouges....................... 95
Le Bonhomme Jadis.................................. 113
Les Amours d'Olivier................................ 156
Un poëte de gouttières.............................. 226
Le Manchon de Francine............................. 240

Paris. — Imp. de PILLET fils aîné, rue des Grands-Augustins, .

www.ingramcontent.com/pod-product-compliance
Lightning Source LLC
Chambersburg PA
CBHW050634170426
43200CB00008B/1010